DÉMONSTRATION
DU PRINCIPE
DE L'HARMONIE,

Servant de base à tout l'Art Musical théorique & pratique.

Approuvée par Messieurs de l'Académie Royale des Sciences, & dédiée à Monseigneur le Comte d'Argenson, Ministre & Sécrétaire d'Etat.

Par Monsieur RAMEAU.

A PARIS,

Chez { DURAND, rue Saint Jacques, au Griffon.
{ PISSOT, Quay des Augustins, à la Sagesse.

M. DCC. L.

AVEC APPROBATION ET PRIVILEGE DU ROY

LE COMTE D'ARGENSON,

Miniſtre & Sécrétaire d'Etat, de
la Guerre, &c. &c.

MONSEIGNEUR,

JE n'aurois oſé me flater que dans l'accablante multiplicité de vos travaux, vous auriez bien voulu jetter les yeux ſur l'Ouvrage que j'ai l'honneur de vous préſenter. Mais vous l'a-

vez vû d'un œil philoſophique ; vous en avez embraſſé tous les rapports, & vous l'avez honoré de votre ſuffrage. Daignez, MONSEIGNEUR, me continuer cette protection ; elle ſera la plus chere récompenſe de mes veilles, & répandra ſur le reſte de ma vie un calme & une douceur qu'il ne m'a pas encore été permis de goûter.

Je ſuis avec le plus profond reſpect,

MONSEIGNEUR,

Votre très-humble & très-obéiſſant ſerviteur, RAMEAU.

PREFACE.

L'Ouvrage que je donne aujourd'hui eſt le réſultat de mes méditations ſur la partie ſcientifique d'un Art dont je me ſuis occupé toute ma vie : heureuſement je ne me ſuis point rebuté dans mes recher-ches, & je ſuis enfin parvenu à démontrer ce principe fon-damental de la Muſique, que juſqu'à moi on avoit tâché vai-nement, de découvrir * ; je l'a-

---

* Broſſard, dans ſon Dictionnaire de Muſique, cite plus de 8oo Auteurs qui ont écrit ſur la Mu-ſique, parmi leſquels Pithagore, Platon, & pluſieurs autres Anciens auſſi célébres ne ſont pas oubliés ;

vois entrevû dès mon Traité
de l'harmonie, & il n'y man-
quoit que cette derniere main
pour autorifer tout ce que j'a-
vance dans ma Génération harmonique.

C'eft dans la Mufique que la
nature femble nous affigner le
principe Phifique de ces premieres notions purement Mathématiques fur lefquelles rou-
lent toutes les Sciences, je
veux dire, les proportions,
Harmonique, Arithmétique &
Géométrique, d'où fuivent les

quant aux Mordernes, Zarlino, Kirker, & Merfenne en ont donné des *in-folio* immenfes, Defcartes en a
fait un petit Traité, après lui Wallis, Hughens, &c.

progreſſions de même genre,
& qui ſe manifeſtent au premier
inſtant que réſonne un corps
ſonore, ſoit dans ſon tiers &
ſon cinquiéme qui réſonnent
avec lui, & qu'il fait frémir
dans d'autres corps ſonores accordés à l'*Uniſſon* de ce tiers &
de ce cinquiéme, ſoit dans ſon
triple & ſon quintuple, qu'il
fait également frémir dans d'autres corps ſonores accordés à
l'*Uniſſon* de ce triple & de ce
quintuple, ſans parler de ſes
Octaves, qui ne ſont que des
répliques. *

***

* *Voyez* le Chap. 8. de ma Génération Harmonique.

Tout corps fonore, pris en particulier, eſt toujours fenſé porter avec lui la même harmonie qu'il fait réfonner, il en eſt le générateur, c'eſt ainſi que je le nomme par tout ; & s'il s'en trouve pluſieurs, j'appelle chacun d'eux indiſtinctement, *fon fondamental.* Le premier de tous, celui dont les autres tirent leur origine, eſt toujours indiqué par l'unité, à moins que pour éviter les fractions on ne foit forcé de le porter à un nombre compofé ; & cela une fois établi, on voit tout d'un coup naître la proportion harmonique, $1\frac{1}{3}\frac{1}{5}$, du corps sonore, de son tiers, & de son cinquiéme, dont se forme la plus parfaite harmonie; on en voit naître ensuite la proportion arithmétique 1. 3. 5, en le comparant à son triple & à son quintuple, dont se forme encore une harmonie presqu'aussi parfaite que la précédente; puis de sa comparaison avec ses *Octaves*, $1. \frac{1}{2}. \frac{1}{4}$, ou 1. 2. 4, naît la proportion géométrique qui ne donne point d'harmonie, parce que l'*Octave* n'est qu'une réplique.

Ainfi, l'harmonie fe bornant aux deux premieres proportions, on ne doit plus fonger qu'à lui donner une fucceffion, & cela, en faifant fuccéder les uns aux autres des *fons fondamentaux*, dont la nature prefcrit le choix & les limites par le produit qui en réfulte, dans une proportion géométrique entre le générateur & les deux termes correfpondans de chacune des deux premieres proportions, 3. 1.$\frac{1}{3}$ d'un côté, & 5. 1.$\frac{1}{5}$ de l'autre; mais pour éviter les fractions, on exprime 3. 1.$\frac{1}{3}$ par 1.3.9, &

5. 1. ⅕ par 1. 5. 25, où l'on voit également le générateur entre fon triple & fon tiers, & entre fon quintuple & fon cinquiéme, fans qu'on doive s'embaraffer du lieu que les multiples & fous-multiples y occupent, parce que cela ne dépend plus que de l'objet auquel on les applique, foit aux grandeurs, foit aux vibrations.

Chaque terme de la proportion géométrique, eft toujours le générateur de l'une des deux premieres, de l'harmonique & de l'arithmétique,

dont on ne peut rien retrancher ; car bien qu'il foit libre
de n'en faire entendre qu'une
partie, on ne peut empêcher
que les autres n'y foient fous-
entendues ; ces parties font re-
gardées comme le produit du
générateur, où fon *Octave* eft
toujours comprife ; & c'eft fur
l'ordre qu'obfervent entr'eux
les produits de chaque terme
de cette proportion géométrique qu'on reconnoît que la
triple, 1. 3. 9, doit avoir la
préférence fur la quintuple 1.
5. 25.

De la proportion triple naît

tout ce qu'il y a de plus parfait en Muſique, les *Modes*,
& les moindres degrés naturels
à la voix, comme *ut ré mi
fa, &c.* ſous le titre de *genre
diatonique* ; de la proportion
quintuple naiſſent des *genres*
moins parfaits, ſous les titres
de *Chromatique* & d'*Enharmonique*, par leſquels les *Modes* différent entr'eux & s'en-
trelacent : de ſorte que toute
la Muſique théorique & pratique découle de ces trois proportions, l'harmonique, l'arithmétique, & la géométrique, ſans
aucune réſerve ni pour la rai-

fon, ni pour l'oreille.

Les bornes de ces propor-
tions font décidées en Mufique, & pour le jugement, &
pour l'oreille, par la diffonance qu'un quatriéme terme y
introduit : non que ce quatriéme terme ne foit néceffaire à
la proportion triple , pour
avoir l'*Octave* diatonique complette du générateur d'un *Mo-*
de. Voyez les Echelles C & F
à la fin du Livre, où toutes les
lettres majufcules renvoyent ;
mais on y empiéte pour lors
fur un autre *Mode*; & ce n'eft
qu'après bien des conféquen-

ces d'autant plus curieuſes qu'elles ſont très - difficiles à découvrir, qu'on parvient, en pareil cas, à pouvoir conſerver l'impreſſion d'un même *Mode* dans toute l'étendue de cette *Octave* diatonique.

Ce que j'appelle *Baſſe fondamentale* n'eſt autre choſe que la ſucceſſion des termes de l'une des deux proportions géométriques, ſucceſſion dont on tire de nouvelles conſéquences pour la varier encore plus que ne le permettent ces deux proportions ; chacun des *ſons* de cette *Baſſe* représentant un générateur, se fait reconnoître en même - tems pour la cause immédiate de tous les effets musicaux, son produit n'y est qu'accessoire, il y a même tels rapports dans la succession des produits qui ne peuvent se pratiquer, parce qu'ils sont inapprétiables à l'oreille, & dont cependant on éprouve l'effet à la faveur de leur *Basse fondamentale* comme si on les entendoit effectivement; ce qui mérite attention, surtout à l'égard de la Musique des Anciens, qui n'ont fondé les grands effets qu'ils en racontent que fur ces mêmes produits.

Tous les Syſtêmes de Muſi-que, donnés juſqu'à mon Trai-té de l'harmonie n'ont encore été fondés que fur ces mêmes produits, pendant que leurs rapports y introduiſent à tout moment des conſonances al-térées, que les uns ont affec-té de ne point appercevoir, & que d'autres ſe ſont con-tenté de citer fans en tirer la moindre conſéquence.

Cette derniere remarque ajoûte beaucoup au principe, puiſque malgré l'altération que je viens de citer entre les produits, ils s'accordent néanmoins toujours très - parfaitement avec leur *Base* ou *Basse fondamentale* : toutes les proportions s'y trouvent réguliérement obfervées.

Après avoir rendu raifon de tous ces faits, auffi - bien que des *Modes*, de leurs rapports, de leur entrelacement, & de la *Diffonance*, je paffe au *Tempéramment* dont je démontre la néceffité, & où je prouve affez évidemment que celui que j'ai propofé dans ma *Génération harmonique*, eft le feul que nous tenions de la nature.

Si les gens de lettres trouvent des fecours dans les Livres & dans les converfations, je n'y ai trouvé, moi, que des obftacles. Qu'on examine tous les fyftêmes anciens & modernes, & les calculs innombrables qui en découlent, qu'on les compare à la fimplicité à laquelle je les ai réduits, tant la vérité eft fimple, & l'on verra combien ces fyftêmes devoient m'égarer plutôt que me conduire.

J'ai lieu de croire à préfent qu'une théorie débaraffée de

tous ces calculs, & ramenée à des vérités claires & simples, ne rebutera plus le Muſicien de pratique, & que les heureux génies ſecondés d'un peu d'expérience, ſe trouveront en état, par ce moyen, de faire connoître en peu de tems ce dont ils ſeront capables. *Carmontel.* Un homme de lettres,* entr'autres, nullement initié dans la Géométrie, non plus que dans l'Art muſical, à la premiere lecture de ma Démonſtration, l'a ſi parfaitement compriſe, que pour m'en convaincre, il m'en a donné des preuves

dignes

dignes d'admiration à tous égards, comme on en pourra juger, s'il en fait part un jour au Public.*

Au reste, le principe dont il s'agit, appliqué à son premier objet, ne se borne pas à la seule composition de la Musique; on peut en tirer des secours pour la fabrique des instrumens, & même pour l'invention de nouveaux instrumens; mais ce qu'il m'a fait découvrir de plus essentiel, c'est le moyen de faire donner à la voix le plus beau *son* dont elle est capable dans tou-

*La piece de
dont il s'agit
paru que 9
mois après
ge de Rameau
dans le Me
de France.

b

te son étendue, d'en augmen-
ter l'étendue à laquelle on la
croit bornée d'abord, de la
rendre flèxible, tant pour les
Tremblemens, dits *Cadences*,
que pour les *Roulemens*, de
former l'oreille, & furtout de
réformer les mauvaises habitudes qui peuvent mettre obf-
tacle à toutes ces perfections,
& qui paffent chez bien des
gens de l'Art pour des défauts
naturels & irréparables ; j'en
ai la Méthode prefque complette, que mon peu de fanté
me forçat d'abandonner il y a
quelques années ; ce fut pour

la même raiſon & à peu près dans le même - tems qu'il me fallut encore abandonner une Méthode de compoſition déja bien avancée ; mais je l'ai remiſe à une perſonne très-capable d'en faire ſon profit & celui du Public,

Fin de la Préface.

DÉMONSTRATION

DU PRINCIPE

DE L'HARMONIE,

Servant de base à tout l'Art Musical
théorique & pratique.

LA mélodie & l'harmonie consti-
tituent toute la science musicale des
sons. La mélodie est l'art de les faire succéder d'une maniere agréable à l'oreille ; l'harmonie est l'art
de plaire au même organe en les
unissant.

Je ne dispute point aux Anciens
le mérite d'avoir excellé dans la

A

premiere de ces parties de la Muſique ; je conviendrai, ſi l'on veut,
qu'ils ont connu l'harmonie, quoique ce fait ſoit encore conteſté.
Mais ce que je prétends, c'eſt qu'ils
ont ignoré les vrais fondemens de
l'une & de l'autre : *les vrais fonde-*
mens de la mélodie, puiſqu'ils n'é-
toient point en état de rendre raiſon pourquoi telle ou telle échelle
ou ſucceſſion de ſons étoit compoſée de tels ou tels ſons, plutôt que
de tous autres ; pourquoi, par conſéquent, tel ſon pouvoit ou ne pouvoit pas ſuccéder à tel autre ; ce que
c'étoit qu'un Mode, & quels étoient
les rapports des Modes entre eux :
les vrais fondemens de l'harmonie, puiſqu'il n'eſt pas concevable que des

Muficiens qui n'étoient pas en état
de rendre raifon de la fucceffion
d'un fon à un autre, fuffent plus
éclairés fur la confonance de deux
ou de plufieurs fons : auffi leur harmonie fe réduifoit-elle, felon toute apparence, à l'*Octave*, à la *Quinte*, & à la *Quarte*, puifqu'ils ont
toujours traité les *Tierces* & les *Six-
tes* de diffonances. S'ils ont fait des
progrès étonnans du côté de la mélodie, s'ils ont avancé avec quelque affurance dans fes voies, c'eft
qu'ils étoient fecretement guidés
par la nature : c'étoient des aveu-
gles qui croyoient marcher d'eux-
mêmes, & qu'elle conduifoit, mais
à qui le manque de principes rendoit néceffairement bien des rou-

tes impraticables ou fermées. Ce feroit un miracle plus grand qu'aucun de ceux qu'on raconte de leurs compofitions, fi n'étant point éclairés fur la nature de la fucceffion des fons qui compofoient leurs échelles, ils n'avoient rencontré aucune difficulté infurmontable dans l'ufage qu'ils en faifoient.

L'expérience & les regles qu'elle dicte, voie longue & perplèxe, méthode qui ne donne les chofes que très-lentement, avec laquelle on n'eft point fûr de les avoir toutes, qui n'éclaire jamais que fur un cas particulier à la fois, & dont on ne peut guéres généralifer les indications, fans donner beaucoup au hafard, & s'expofer à des erreurs, l'expérience, dis - je, fut la reſſource des Anciens.

La condition des Modernes n'a pas été meilleure. Les expériences des Anciens ont été perdues pour nous avec les ouvrages qui les contenoient.

Nos prédéceſſeurs ont été obligés de travailler à la perfection de l'Art, preſque comme s'il eût été tout neuf. Les prodiges qu'opéroit l'ancienne Muſique, nous furent tranſmis à la vérité ; mais il ne parvint juſqu'à nous aucune des regles qu'obſervoient les Auteurs pour opérer ces prodiges.

Que fit-on pour réparer cette perte ? Chercha-t-on dans la nature quelque point fixe & invariable

d'où l'on partît sûrement, & qui
servît de base à la mélodie & à
l'harmonie. Nullement ? On se mit
à faire des expériences, à tâtonner,
à compiler des faits, à multiplier
des signes. L'on eut, après beaucoup
de tems & de peines, le recueil d'u-
ne certaine quantité de phénomenes sans liaison & sans suite, & l'on
s'en tint-là. Cependant la connois-
sance de ces phénomenes n'est presque d'aucune étendue : l'usage en
est tellement arbitraire, que celui
qui les posséde le mieux, n'en est
guéres plus instruit.

Tel étoit l'état des choses, lorsqu'étonné moi - même, des peines
que j'avois eues à apprendre ce que
je sçavois, je songeai au moyen de

les abréger aux autres, & de leur rendre l'étude de la composition plus sûre & moins longue. Je conçus même que je ne pourrois guéres obtenir l'un de ces avantages, sans me promettre l'autre, & que les progrès dans la science des sons seroient assurément moins longs, lorsque ses principes seroient plus certains.

Je compris d'abord qu'il falloit suivre dans mes recherches, le même ordre que les choses avoient entre-elles; & comme, selon toute apparence, on avoit eû du chant avant que d'avoir eû de l'harmonie, je me demandai comment on étoit parvenu à obtenir du chant.

Eclairé par la Méthode de Des-

cartes que j'avois heureufement lûe,
& dont j'avois été frappé, je com-
mençai par defcendre en moi-même ; j'effayai des chants, à peu près
comme un enfant qui s'exerceroit
à chanter ; j'examinai ce qui fe paf-
foit dans mon efprit & dans mon
organe, & il me fembla toujours
qu'il n'y avoit rien du tout qui me
déterminât, quand j'avois entonné
un fon, à entonner, entre la multi-
tude des fons que je pouvois lui
faire fuccéder, l'un plutôt que l'autre. Il y en avoit, à la vérité, certains pour lefquels l'organe de
la voix & mon oreille me paroif-
foient avoir de la prédilection ; &
ce fut là ma première perception ;
mais cette prédilection me parût

une pure affaire d'habitude. J'imaginai que dans un autre fyftême de Mufique que le nôtre, avec une autre habitude de chant, la prédilection de l'organe & du fens auroit été pour un autre fon ; & je conclus que puifque je ne trouvois en moi - même aucune bonne raifon pour juftifier cette prédilection, & la regarder comme naturelle, je ne devois ni la prendre pour principe de mes recherches, ni même la fuppofer dans un autre homme, qui n'auroit point l'habitude de chanter ou d'entendre du chant. Je me mis cependant à calculer & à examiner quel étoit le rapport du fon que j'avois entomé, avec ceux que l'oreille & la voix me fuggé-

roient immédiatement ; & je trou-
vai que ce rapport étoit affez fimple. Ce n'étoit , à la vérité , ni
l'*Uniffon*, comme 1 à 1, ni l'*Octave*, comme 1 à 2, c'étoit un de ceux
qui les fuivent prefque immédiatement dans l'ordre de fimplicité , je
veux dire, le rapport du fon à fa
Quinte, comme 2 à 3 , ou à fa *Tierce*, comme 4 à 5. Mais cette fimplicité de rapport eût-elle encore été plus grande, elle n'eut fait
tout-au-plus qu'une efpece de con-
venance des fons à celui auquel
je les faifois fuccéder immédiatement par prédilection ; elle n'eut
point expliqué cette prédilection,
ni donné le point fixe que je cher-
chois. Je vis donc que je ne le ren-

contrerois point en moi-même, &
j'abandonnai les convenances, malgré l'autorité & la force qu'elles
ont dans les affaires de goût, de
crainte qu'elles ne m'entraînaſſent
dans quelque ſyſtême qui ſeroit
peut-être le mien, mais qui ne ſeroit point celui de la nature.

Je me plaçai donc le plus exactement qu'il me fut poſſible dans
l'état d'un homme qui n'auroit ni
chanté, ni entendu du chant, me
promettant bien de recourir à des
expériences étrangeres, toutes les
fois que j'aurois le ſoupçon que l'habitude d'un état contraire à celui
où je me ſuppoſois m'entraîneroit
malgré moi hors de la ſuppoſition.

Cela fait, je me mis à regarder

autour de moi, & à chercher dans la nature, ce que je ne pouvois tirer de mon propre fond, ni auſſi nettement, ni auſſi fûrement que je le déſirois. Ma recherche ne fut pas longue. Le premier ſon qui frappa mon oreille fut un trait de lumiere. Je m'apperçus tout d'un coup qu'il n'étoit pas un, ou que l'impreſſion qu'il faiſoit ſur moi étoit compoſée ; voilà, me dis-je ſur le champ, la différence du *bruit* & du *ſon**. Toute cauſe qui produit ſur mon oreille une impreſſion une & ſimple, me fait entendre du *bruit* ; toute cauſe qui produit ſur mon oreille une impreſſion compoſée de pluſieurs autres, me fait enten-

---

* J'avois déja annoncé cette différence de ma génération harmonique, *p.* 29 *&* 30, imprimée en 1737.

dre du *son*. J'appellai le son primi-
tif, ou générateur, *son fondamental*,
ses concomitans *sons harmoniques*,
& j'eus trois choses très-distinguées
dans la nature, indépendantes de
mon organe, & très-sensiblement
différentes pour lui ; du bruit, des
sons fondamentaux, & des *sons harmoniques*.

Avant que de rechercher en quel
rapport de degrés les sons harmoniques ou concomitants étoient au
son fondamental, ou quel rang ils
occuperoient dans notre Echelle
diatonique, je m'apperçus que ces
sons harmoniques étoient très-aigus & très-fugitifs, & qu'il devoit
par conséquent y avoir telle oreille
qui les saisiroit moins distinctement

qu'une autre, telle qui n'en apper-
cevroit que deux, telle qui ne feroit affectée que d'un, & peut-
être même telle qui ne recevroit
l'impreffion d'aucun. Je dis auffi-
tôt ; voilà une des fources de la
différence de la fenfibilité pour la
Mufique que l'on remarque entre
les hommes. Voilà des hommes
pour qui la Mufique ne fera que
du bruit, ceux qui ne feront frap-
pés que du fon fondamental, ceux
pour qui tous les harmoniques feront perdus. Voilà, ajoûtai-je, des
bruits plus ou moins aigus ; voilà
des échelles de bruits, ainfi que
des échelles de fons, des intervalles de bruits, comme des intervalles de fons ; & ceux, s'il y en a

d'aſſez mal conformés, qui pren-
droient indiſtinctement l'échelle
de ſons pour l'échelle de bruits,
ſeroient totalement étrangers au
plaiſir muſical.

Je paſſai de là à la conſidéra-
tion relative du ſon fondamental
& de ſes harmoniques, & je trou-
vai que c'étoit ſa *Douziéme* & ſa
Dix-ſeptiéme, c'eſt-à-dire, l'*Octave*
de ſa *Quinte* & la *double-Octave* de
ſa *Tierce*, au lieu que j'avois éprouvé
en moi-même que c'étoit ſa *Quinte*
& ſa *Tierce* que je lui faiſois ſuccéder par préférence à tout autre.

Je me demandai la raiſon de
cette différence, & je vis bien-tôt
que l'organe n'étant point exercé,
il n'avoit pas, la premiere fois

qu'on entend un fon, la faculté
de fe repréfenter des fons auffi
éloignés que fes concomitans ;
d'ailleurs je fçavois par expérience
que l'*Octave* n'eft qu'une réplique,
combien il y a d'identité entre les
fons & leurs répliques, & combien il eft facile de prendre l'un
pour l'autre , ces fons même fe
confondant à l'oreille : quand ils
font entendus enfemble : je conclus donc que mon organe & mon
imagination étant privés d'exer-
cice & d'expérience , & ne fe prê-
tant à rien , je me trouvois forcé
de rabbaiffer les fons à leurs moindres degrés , c'eft-à dire , que ma
préoccupation avoit dû fe fixer fur
la *Tierce* & fur la *Quinte* du fon
fondamental,

fondamental , & non fur leurs re-
pliques. Ce fait eft commun à tous,
& foit pareffe , foit foibleffe d'organe , foit le peu d'étendue de la
voix , nous fommes tous portés à
réduire les intervalles à leurs moindres degrés. Si nous voulons entonner , par exemple , *ut* & *ré* ,
c'eft toujours par l'intervalle du
Ton , ou d'une *Seconde* , comme 8
à 9 , quoique 8 foit la triple *Octave*
du fon fondamental 1. qui a d'a-
bord donné *ut* , & duquel naît le
fentiment de *ré*. Ainfi nous con-
fondons naturellement toutes les
répliques pour nous en aider felon
nos befoins.

Au refte l'*Octave* fert de bornes
aux intervalles , & par conféquent

B

à l'harmonie, puifque tout ce qui excéde fon étendue n'eft que la réplique de ce qu'elle renferme entre fes deux termes.

Elle multiplie les intervalles, car lorfqu'on croit n'entendre qu'une *Tierce*, comme d'*ut* à *mi*, on entend encore une *Sixte* entre ce même *mi* & l'*Octave* au-deſſus de cet *ut*.

En multipliant ainfi les intervalles, elle en indique le renverfement poſſible, puifque fi l'on retranche l'*ut* grave de la *Tierce* précédente, reftera la *Sixte mi-ut*. De-là naît également un renverfement poſſible dans l'harmonie, qui procure au compofiteur le moyen de varier une Baſſe à fon gré, & de la rendre plus chantante que celle que j'appelle fondamentale.

Tout cela pofé, j'entre en matiere, & comme j'ai l'honneur de parler à des Mathématiciens, je vais emprunter leur langage, autant que mon peu de lumieres me le permettra, pour qu'ils ne puiffent rien révoquer en doute (*).

Le corps fonore, que j'appelle, à jufte titre, *fon fondamental*, ce principe unique, générateur & ordonnateur de toute la Mufique, cette caufe immédiate de tous fes effets, le corps fonore, dis-je, ne

(*) Le figne ✕ fignifie un *Dieze* qui hauffe le fon d'un *demi ton Mineur*, & le figne ♭ fignifie un *Bémol* qui diminue le fon d'autant ; le ✕ joint au nom d'un intervalle, ou au chiffre qui le repréfente y tient lieu du mot de *Majeur*, & le ♭ y tient lieu du *mot de mineur*.

réſonne pas plutôt qu'il engen-
dre en même tems toutes les proportions continues, d'où naiſſent
l'harmonie, la Mélodie, les Modes, les Genres, & juſqu'aux
moindres regles néceſſaires à la
pratique.

Sa réſonance fait entendre trois
ſons différens, dont les rapports ſont

comme
{
Quinte au - deſſus de
l'Octave, dite, double-
quinte, ou douziéme.

1.
ut.

Tierce ※. au - deſſus de la double
Octave, dite, triple tierce, ou
dix - ſeptiéme ※.
}
Sixte ※

$\frac{1}{3}$
ſol.

$\frac{1}{5}$
mi. , leſ-

quels réduits à leurs moindres degrés par le moyen des Octaves qui
n'y ſont point compriſes pour les

raiſons déja alléguées, donnent

$$\overbrace{\qquad \text{Quinte} \qquad}$$

$$\underset{ut}{\tfrac{1}{4}} \quad \underset{mi}{\tfrac{1}{5}} \quad \underset{ſol}{\tfrac{1}{6}}$$

tierce ✕   tierce ♭

Si l'on accorde d'autres corps
ſonores, qui ſoient avec ce principe en même rapport que les ſons
qu'il fait entendre, non-ſeulement
comme ſon tiers & ſon cinquiéme,
mais encore comme ſon triple &
ſon quintuple, il les fera tous frémir,
avec cette différence, que les premiers frémiſſent dans leur totalité,
au lieu qu'il force les derniers à ſe
diviſer dans toutes les parties qui
en font l'*Uniſſon* ; de ſorte qu'en
ce cas, il a ſur ſes multiples même puiſſance que ſur ſes ſous-multiples. Ces expériences ſont égale-

ment senfibles à l'oreille, à l'œil ,
& au tact.

De cette derniere puiffance du
principe fur fes multiples, naiffent

ces rapports $\underset{la\flat}{\overset{5:}{}}$ $\overset{\text{Dix-septiéme }\times\!\!\!\times}{\underset{fa}{\overset{3}{}}}$ $\underset{ut}{\overset{1}{}}$, lef-
(fixte $\times\!\!\!\times$ | douziéme)

quels réduits à leurs moindres degrés , & appliqués aux grandeurs ,

donnent $\underset{fa}{\overset{6.}{}}$ $\overset{\text{Quinte}}{\underset{la\,\flat}{\overset{5}{}}}$ $\underset{ut}{\overset{\cancel{6}}{}}$ $|\flat$
(tierce $\flat$ | tierce $\times\!\!\!\times$)

Dans $1, \frac{1}{3}, \frac{1}{5}$, ou $\frac{1}{4}$ $\overset{\text{Quinte}}{\frac{3}{5}}$ $\frac{1}{6}$
(tierce$\times\!\!\!\times$ | tierce$\flat$)

fe reconnoît la proportion harmonique , & dans 5 , 3 , 1 , ou

$$\overbrace{6 \quad \underbrace{5}_{\text{tierce}\flat} \quad \underbrace{}_{\text{tierce}\times}}^{\text{Quinte.}} \quad 4$$ se reconnoît la

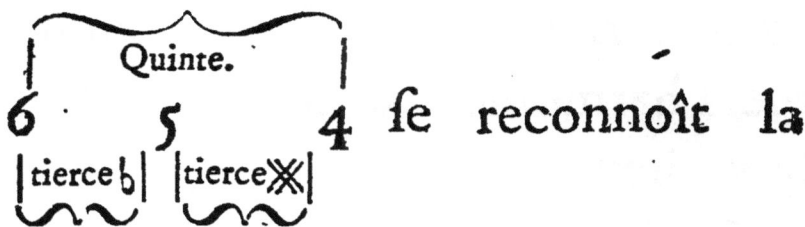

proportion arithmétique.

Quoique la *Quinte* & la *Tierce* soient, dans leur origine, une double *Quinte*, & une triple *Tierce*, je leur donnerai toujours les noms de *Quinte* & de *Tierce*, par la raison que nous réduisons naturellement tous les intervalles à leurs moindres degrés, comme il a déjà été dit.

La différence de ces deux proportions consiste dans une transposition d'ordre entre les deux *Tierces*, dont la succession forme de chaque côté la *Quinte*; d'où il est

évident que la feule *Quinte* conftitue l'harmonie, & que les *Tierces*
la varient.

Cette variété des *Tierces* fe dif-
tingue en deux genres, l'un *Majeur*,
lorfque la *Tierce majeure* eft au grave, c'eft-à-dire, la premiere, comme dans la proportion harmonique
réduite à fes moindres dégrés ; l'autre *Mineur*, lorfque la *Tierce mineure* eft au grave, comme dans la proportion arithmétique également réduite ; de forte que l'oreille prefque également prévenue en faveur
de ces *Tierces*, faifit volontiers l'u-
ne ou l'autre après un premier *fon*
donné ; non qu'elle ne fe fente plus
de penchant pour la *majeure*, comme la feule vraiment naturelle.

De ces deux proportions s'en forme naturellement une Géométrique, dont la néceſſité ſe découvrira bien-tôt, ſoit dans cet ordre

$$\left\{ \begin{array}{ccc} 3 & 1 & \frac{1}{3} \\ fa & ut & ſol \end{array} \right\} \quad \text{ſoit dans celui-ci}$$

$$\left\{ \begin{array}{ccc} 5 & 1 & \frac{1}{5} \\ la\flat & ut & mi \end{array} \right\}$$

La difficulté de pouvoir réduire, ſous une même dénomination, les multiples & ſous-multiples, m'a forcé, par tout, d'employer des nombres entiers, qui néanmoins repréſenteront toujours des fractions, dont ils feront les dénominateurs, & dont l'unité ſera le numérateur, excepté qu'on ne veuille les appliquer aux vibrations des cordes, de ſorte que je dis $\left\{\begin{smallmatrix} 1 \\ fa \end{smallmatrix}\ \begin{smallmatrix} 3 \\ ut \end{smallmatrix}\ \begin{smallmatrix} 9 \\ \textit{fol} \end{smallmatrix}\right\}$ au lieu de $\left\{\begin{smallmatrix} 3 \\ fa \end{smallmatrix}\ \begin{smallmatrix} 1 \\ ut \end{smallmatrix}\ \begin{smallmatrix} \frac{1}{3} \\ \textit{fol} \end{smallmatrix}\right\}$

& $\left\{\begin{smallmatrix} 1 \\ la\flat \end{smallmatrix}\ \begin{smallmatrix} 5 \\ ut \end{smallmatrix}\ \begin{smallmatrix} 25 \\ mi \end{smallmatrix}\right\}$ au lieu de $\left\{\begin{smallmatrix} 5 \\ la\flat \end{smallmatrix}\ \begin{smallmatrix} 1 \\ ut \end{smallmatrix}\ \begin{smallmatrix} \frac{1}{5} \\ mi \end{smallmatrix}\right\}$

où le principe, qui se trouve de chaque côté le terme moyen, ordonne également de la proportion ; ce qu'il est bon de remarquer, parce qu'en ce cas, ne pouvant plus désigner le principe par l'unité, il n'importe par quel nombre il le soit, pourvû que tout y réponde d'ailleurs à l'ordre des proportions annoncées. Par exemple, dans

$$\left\{\begin{smallmatrix} 9. \\ \textit{si}\flat \end{smallmatrix}\ \begin{smallmatrix} 3. \\ fa. \end{smallmatrix}\ \overset{\text{généra-}}{\overset{\text{teur}}{\begin{smallmatrix} 1. \\ ut. \end{smallmatrix}}}\ \begin{smallmatrix} \frac{1}{3} \\ \textit{fol}. \end{smallmatrix}\ \begin{smallmatrix} \frac{1}{9} \\ re. \end{smallmatrix}\right\}$$, on trouve le même ordre & les mêmes rapports

que dans $\left\{\begin{smallmatrix} 1. \\ \textit{si}\flat \end{smallmatrix}\ \begin{smallmatrix} 3. \\ fa. \end{smallmatrix}\ \overset{\text{généra-}}{\overset{\text{teur}}{\begin{smallmatrix} 9. \\ ut. \end{smallmatrix}}}\ \begin{smallmatrix} 27. \\ \textit{fol}. \end{smallmatrix}\ \begin{smallmatrix} 81. \\ re. \end{smallmatrix}\right\}$ 9

pris ici pour générateur où l'on
suppose la fraction, $\frac{1}{9}$ est le neuviéme d'1 ; de même que dans le
premier ordre, 1 pris pour générateur est le neuviéme de 9 : si, au
contraire, on ne suppose point de
fraction dans le deuxiéme ordre,
on l'appliquera pour lors aux vibrations, & l'on verra que 9 donne
neuf vibrations , pendant que 1
n'en donne qu'une : ainsi de quelque maniere que la chose soit con-
sidérée, le tout revient au même.

De ces deux dernieres proportions, la triple & la quintuple, se
forment des progressions, dont on
reçoit tous les intervalles possibles
en Musique, en y joignant la double, qui est celle des *Octaves*, &

qui fert à rapprocher un terme
d'un autre autant qu'on en a befoin. *Voyez* A *dans les Tables.*

Chaque terme de ces progreffions eft toujours cenfé porter avec
lui fa proportion harmonique ; fa
Quinte s'y trouve immédiatement
au-deffous, & fa *Tierce majeure* eft
à côté dans la colomne voifine,
de forte qu'on découvre, par ce
moyen, & l'origine & le genre,
en un mot toutes les propriétés de
chaque intervalle.

La proportion harmonique donne la plus parfaite harmonie qu'on
puiffe entendre, fon effet eft admira-
ble, quand on fçait la difpofer dans
l'ordre qu'indique la nature ; mais
la difficulté eft de fçavoir y pro-

portionner les voix & les inftrumens, & c'eft dequoi le Compofiteur n'eft pas toujours le maître,
dès qu'il ne l'eft pas du choix des
fujets dont il a befoin. Cependant,
après l'avoir employée fouvent
fans fuccès, j'ai eû le bonheur de
rencontrer à peu près tout ce qu'il
falloit dans le chœur de l'Acte de
Pigmalion, que j'ai donné l'Au-
tomne de 1748, où Pigmalion
chante avec le chœur l'*Amour
triomphe*. Et même encore dans la
fin de l'Ouverture de ce même Acte, où il faudroit feulement quelques inftrumens de plus pour certaines parties.

Quoique dans la pratique on
donne également le titre de par-

fait à l'Accord qui réfulte de la proportion harmonique, & à celui qui réfulte de la proportion arithmétique, il s'en faut bien cependant que le dernier affecte autant que le premier; & s'il a ſes agrémens particuliers, c'eſt dans des ſituations qui marquent aſſez la ſubordination de ſon genre, comme on le verra quand il s'agira des *Modes.*

Produit de la Quinte, ou de la Proportion triple.

A préſent que l'harmonie eſt connue, il ne s'agit plus que de lui donner une ſucceſſion; ſucceſſion qui ne peut s'imaginer qu'entre les *ſons* qui compoſent cette harmonie, puiſqu'on n'en connoît point d'au-

tres; de plus, chacun des *fons* de
cette fucceffion pris dans un corps
fonore particulier, fera, de même
que le premier, principe de fon
harmonie.

Si le corps fonore ne fait réfonner que fa *Quinte* & fa *Tier-*
ce, on ne peut, par conféquent,
lui faire fuccéder que l'une de
ces deux confonances, entre lefquelles je choifirai d'abord la
Quinte, qui donne feule l'ordre
le plus parfait, ainfi qu'on va le
voir; & comme le principe en
fait frémir deux en même - tems,
l'une au-deffus, l'autre au-deffous,
auxquelles j'ai donné partout ailleurs le nom de *Dominante*, & de
fous-dominante, elles forment pour

lors avec lui cette proportion triple, 1. 3. 9, ou 3. 9. 27, ou encore
9. 27. 81, ce qui est tout un, ainsi

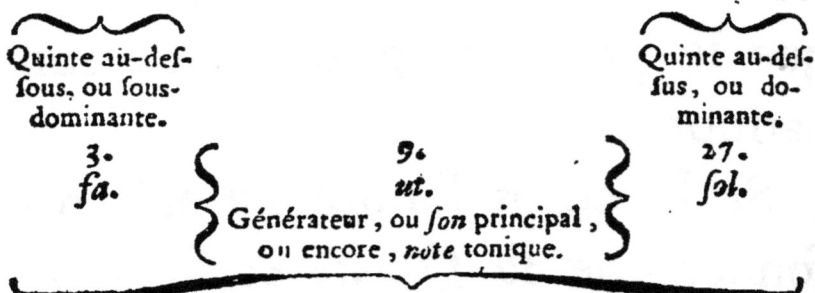

Quinte au-des- sous, ou sous- dominante.		Quinte au-des- sus, ou do- minante.
3. fa.	9. ut. Générateur, ou son principal, ou encore, note tonique.	27. sol.

Veut - on voir, après cela, ce
qui se passe sur le même sujet dans
la progression triple, A, on y re-
marquera que le quatriéme terme
ne s'accorde plus parfaitement
avec le premier, car ils forment
entre eux une *Tierce mineure* diminuée d'un *Comma* : d'où il est dé-
montré qu'au-delà de ces trois premiers termes 1. 3. 9, il n'y a plus
rien d'absolument parfait (*).

(*) Pour juger du rapport entre le premier
De

De cette feule proportion triple, naiffent le *Mode naturel* dit
majeur, fes *adjoints*, ou *Modes* re-
latifs, le *Genre Diatonique*, c'eft-
à-dire, les moindres degrés naturels à la voix, prefque toute la *Mélodie*, les *Repos* ou *Cadences*, la *Liaifon*, le *double emploi*, & plufieurs
autres accidens naturels & nécef-
faires; ce que je vais expliquer.

Le *Mode*, en Mufique, n'eft au-

& le quatriéme termes de la progreffion triple,
il n'y a qu'à doubler 1. jufqu'à 32, puis en comparant 27. à 32, & en les triplant enfuite, ce
qui fera 81. 96, on verra qu'ils différent de
$\frac{1}{81}$ avec le rapport de 5. à 6. qui a donné la
Tierce mineure dans les proportions harmoniques & arithmétiques; car, en multipliant 5. &
6. par 16, on aura 80. 96, de forte que la différence de ces deux rapports 81. 96, & 80.
96. confifte dans 80. 81, qui donnent le rapport d'a-peu-près la dixiéme partie d'un *Ton*,
appellée *Comma*.

C

tre chofe que l'ordre prefcrit entre les *fons*, tant enfemble qu'en particulier, c'eft-à-dire, tant en harmonie qu'en mélodie, par la proportion triple, comme cela fe voit dans la premiere Echelle B.

Cet ordre eft plus étendu dans l'Echelle C que dans l'Echelle B; mais on y excéde pour lors les bornes de la proportion donnée, & par conféquent celles du *Mode*, puifqu'on y paffe à 81; on y empiéte donc fur un autre *Mode*, & c'eft ce que j'ai voulu faire entendre par le mot d'*adjoint*, dont la fuite inftruira plus à fond.

Le *Genre diatonique* confifte dans la fucceffion immédiate des *Tons* & *demi-tons*, répandus dans toutes les Echelles, il est le seul naturel, quant aux moindres dégrés.

La succession possible entre les *sons* harmoniques & fondamentaux, jointe à la Diatonique, donne presque toute la Mélodie, puisqu'il n'y manque plus que le produit de la proportion quintuple, qui consiste dans un seul *demi-ton* appellé *Chromatique*, & beaucoup moins naturel que celui des Echelles, comme la suite nous l'apprendra.

Toutes les marches fondamentales par *Quinte*, forment autant de *Repos* ou *Cadences*. Le premier des deux *sons* de cette *Quinte*, annonce le *Repos*, le deuxiéme le termine, mais l'effet n'en est bien sensible, que lorsqu'il se termine fur le générateur d'un *Mode* : l'Ordre diatonique, qui en eft produit, fuit par conféquent la même loi, de forte qu'il peut toujours y avoir *Repos* d'un *fon* à l'autre.

Le plus parfait *Repos*, après lequel on ne défire rien, eft celui où l'on defcend de *Quinte* fur le *Générateur*, comme de 27. à 9, c'eft-à-dire, de *fol* à *ut*, dans les Echelles B. & C; on l'appelle *Repos abfolu*, ou *Cadence parfaite*; c'eft pour lors la *Quinte* engendrée par la réfonance du corps fonore, principe & générateur du *Mode*, qui retourne à ce générateur même; au lieu qu'en montant de *Quinte*, le produit qui paffe au générateur n'a pû frapper l'oreil-

le dans son origine, il frémit simplement, c'est 3. qui passe à 9,
c'est *fa* qui passe à *ut*, de sorte
que l'oreille qui ne se guide que
sur la résonance du corps sonore, n'y prendroit jamais cette marche que pour celle d'un générateur qui passe à son produit, comme de 9. à 27, d'*ut* à *sol*, si elle
n'étoit déja préoccupée de ce générateur; aussi dans la pratique,
le *Repos* qui en est formé, s'ap-
pelle-t-il *Cadence imparfaite*.

Il y a plus encore à l'égard du
Repos absolu; le *demi-ton majeur*,
produit de toute marche fondamentale par *Quinte*, a tant d'empi-
re sur l'oreille, qu'on n'entend pas
plutôt le premier des deux *sons*

qui le forment en montant, comme *Tierce majeure* de la *Quinte* 27. du générateur 9, c'eſt-à-dire, comme *Tierce* de la dominante *ſol*, & qui s'appelle *ſi*, qu'on entone de ſoi-même le deuxiéme *ſon* ou du moins qu'on le déſire ; ce deuxiéme *ſon* étant juſtement le générateur, ou ſon *Octave ut* : auſſi donne-t-on à ce premier *ſon* du *demi-ton majeur* en montant, le titre de *note ſenſible* en pareil cas.

C'eſt donc une loi dictée par la nature même qu'on ne peut monter diatoniquement au générateur d'un *Mode* qu'à la faveur de ſa *note ſenſible* ; c'eſt le produit du premier pas que fait ce générateur en paſſant à ſa *Quinte*, & ſi l'on y montoit d'un *Ton*, dès lors l'effet du *Repos* n'y auroit plus lieu, ce ne feroit plus le générateur du *Mode*, le *Mode* changeroit.

De-là vient qu'on ne peut entonner naturellement trois *Tons* de fuite, non - feulement parce qu'il n'y a aucun rapport confonant entre le premier & le dernier *fon* de ces trois *Tons*, rapport qui doit toujours former naturellement la *Quarte*, mais encore parce que le *Mode* changeant, du moins au troifiéme *Ton*, l'impreffion reçûe du *Mode*, qui exiftoit jufques-là, ne fuggére à l'oreille que le *demi-ton* qui doit y fuivre les deux *Tons* ; en un mot, ces trois *Tons* de fuite ne peuvent être produits par les ſons fondamentaux du *Mode*, qui donnent l'ordre diatonique ; ce qui prouve aſſez que leur ſucceſſion immédiate n'eſt pas naturelle ; il en ſera queſtion encore dans un moment.

Voici le premier cas où la grande puiſſance de la Baſſe fondamentale commence à ſe découvrir, à l'occaſion des effets dont elle eſt l'unique cauſe, & où ſon produit, auquel elle communique cette puiſſance, n'a de force qu'autant qu'elle peut y être ſous-entendue.

Par exemple, ſi l'on termine un Chant diatonique de cette façon, *ré ré ut ut*, en faiſant un tremblement, dit, *Cadence*, ſur le deuxiéme *ré*,

on y fentira l'effet d'un *Repos ab-*
folu, foit qu'on l'accompagne de
fa Baffe fondamentale *fol ut*, foit
qu'on ne l'en accompagne pas ,
parce qu'on la fous - entend toujours fans y penfer ; mais fi on lui
donne une autre Baffe, comme
fol la, appellée *Cadence rompue* ,
dès-lors l'effet du *Repos abfolu* s'é-
vanouit, & on lui défire une fuite, quoique ce foit toujours le même Chant.

S'il faut un peu d'expérience
en Mufique pour juger de ce fait,
on en verra bien-tôt naître d'autres, où le feul jugement fuffit
pour s'en convaincre.

La *liaifon* confifte en ce qu'il y
ait au moins un *fon* commun dans

l'harmonie fucceffive de deux *fons*
fondamentaux ; par exemple , *fol*
qui exifte dans fon harmonie , exifte encore dans celle d'*ut* , dont il
fait la *Quinte.*

Si l'on étend la proportion donnée en une progreffion, comme ,
par exemple , 1. 3. 9. 27. 81. on
trouvera dans ces cinq termes de
quoi former trois *Modes* pareils
à celui que je viens d'annoncer,

premier
générateur.

ainfi $\{ \overset{1}{\underset{fi\flat}{}} \overset{3}{\underset{fa}{}} \overset{9}{\underset{ut}{}} \}$ $\{ \overset{3}{\underset{fa}{}} \overset{9}{\underset{ut}{}} \overset{27}{\underset{fol}{}} \}$

$\{ \overset{9}{\underset{ut}{}} \overset{27}{\underset{fol}{}} \overset{81}{\underset{ré}{}} \}$ dont toute la différence confifte en ce que les *Mo-*
des des extrêmes font à la *Quinte*
au - deffous ou au - deffus de celui
du moyen. Or, les deux *fons* fon-

damentaux communs, entre chacun de ces extrêmes & le moyen,
les lient tellement à ce moyen,
qu'ils peuvent s'entrelacer, sans
distraire beaucoup de la prédilection qu'on pourroit avoir plutôt
pour l'un que pour l'autre ; en effet, après que 3 & 9 auront été
employés, 1 aussi-bien que 27,
peut en achever la proportion, de
même qu'après que 9 & 27 auront été employés, 81 aussi-bien
que 3 peut en achever la proportion : & c'est, sans doute, pour se
conserver cette prédilection que
le générateur 9, dans les échelles,
passe tantôt à 27, tantôt à 3, qui
sont les extrêmes de sa proportion, c'est-à-dire, ses deux *Quin-*

tes, pour que le défaut de rapport entre 3 & 27 rebute l'oreille, & la prévienne d'autant plus en fa faveur, qu'il s'accorde parfaitement avec l'un & l'autre; ce qui va fe vérifier.

On ne peut faire réfonner enfemble 3 & 27, fans que 81 n'y foit fous - entendu, puifqu'il réfonne naturellement avec 27. Or, il en eft de 3 à 81, comme d'1 à 27, qui font le premier & le quatriéme termes de la progreffion triple, & qui forment entre eux cette *Tierce mineure* diminuée d'un *Comma*, dont il a déja été queftion; ce qui prouve évidemment le défaut de rapport entre 3 & 27, puifque 81 réfonne avec 27.

Cette derniere liaiſon, dont je viens de parler, eſt juſtement la ſource du rapport des *Modes*, & ce ſont ces mêmes *Modes* donnés par les extrêmes, que j'appelle *adjoints*, d'autant que 3 & 27, qui ſont les extrêmes du premier générateur 9, n'exiſtant que par lui, ne peuvent devenir à leur tour générateurs, que pour ſe prêter à toutes les variétés dont il eſt capable ; n'y ayant point de doute, qu'après que 9 a paſſé à 27, 27 ne puiſſe paſſer à 81, qui réſonne avec lui, de même que lorſqu'il a paſſé à 3, 3 ne puiſſe paſſer à 1, puiſqu'il fait frémir 1 par ſa réſonance ; en remarquant néanmoins que l'oreille panche toujours du côté des fous-multiples, dont la réfonance, caufée par celle du corps fonore, l'emporte fur le fimple frémiffement des multiples : auffi voyons-nous dans l'échelle C, le générateur 9 emprunter 81 de fon fous-multiple 27, pour en obtenir un ordre diatonique dans toute fon *Octave*.

A l'égard du défaut de rapport entre les extrêmes de la proportion triple, j'ai jugé à propos, pour en donner une idée bien diftincte, de divifer l'échelle diatonique, comme les Grecs, en deux *Tétracordes conjoints* à B, qui font les feuls naturels, & en deux *disjoints* à C, où l'on trouve toujours, d'un *Tétracorde* à l'autre, une altération entre les *Tierces* formées du produit de chaque extrême.

Au reste, cette altération n'a rien qui doive surprendre : 1°. parce qu'elle n'a lieu que dans le produit d'une succession qui n'est pas immédiate, comme on le voit par les *Tierces* altérées dans les échelles B & C. 2°. Parce que l'oreille uniquement occupée de la succession fondamentale & de la perfection de son harmonie, est forcée de s'y soumettre dans tous ses produits.

On doit s'attendre d'ailleurs à une pareille altération dans tout passage de *Modes* à la *Quinte* l'un de l'autre, comme seroient ceux que donnent ces deux proportions

1. 3. 9, 3. 9. 27, où elle eft bien marquée d'1 à 27, ce qui prouve changement de *Mode*, même d'un *Tétracorde* à l'autre, d'un extrême à l'autre : car 27 réfonne avec 9 dans la proportion 1. 3. 9, de même que 81 réfonne avec 27 dans la proportion 3. 9. 27.

Cette altération d'un *Comma*, dans le produit des extrêmes, eft pour nous un ordre bien pofitif, de ne les pas faire fuccéder immédiatement, d'autant plus encore qué n'ayant dans leur harmonie aucuns termes communs, ils ne font nullement liés entre eux par cette harmonie; & c'eft de-là que, fans le fçavoir, & par le feul fecours de l'expérience, on a deffendu du les deux *accords parfaits*, mêmes les deux *Tierces majeures* de suite dans une Baſſe diatonique, comme eſt celle de ces deux extrêmes *fa* & *ſol*, tirés de cette proportion $\{ \underset{fa}{\tfrac{3}{}} \quad \underset{ut}{\tfrac{9}{}} \quad \underset{ſol}{\tfrac{27}{}} \}$.

Ne ſoyons donc pas étonnés ſi le principe, dans ſon premier ordre de génération, le ſeul qui ſoit véritablement parfait, refuſe la ſucceſſion diatonique de *la* à *ſi*, puiſqu'ils ſont harmoniques de ſes extrêmes $\underset{fa}{\tfrac{3}{}}$ & $\underset{ſol}{\tfrac{27}{}}$, comme on le voit dans l'échelle B; cela auroit introduit, d'ailleurs, dans l'ordre diatonique de *fa* à *ſi*, trois *Tons* de suite, qu'on n'entonne pas naturellement, (*Voyez* H dans l'échelle

D

C) & qui ont fait le fujet de plufieurs queftions qu'on n'a jamais
pû réfoudre : mais on doit voir à
préfent, outre les raifons déja annoncées, que le *Mode* change en
pareil cas ; non qu'on ne puiffe
y conferver le fentiment du premier *Mode*, dans toute l'étendue
de l'*Octave* de fon générateur,
d'autant que les *fons* diatoniques
qu'elle renferme, fe trouvent être
les harmoniques de fes fondamentaux ; mais il faut au moins y fous-
entendre un *Repos*, à la faveur duquel, oubliant ce qui le précede,
on peut aifément fe livrer à ce qui
le fuit, comme à une chofe toute
nouvelle : & c'eft ce que les Grecs
ont bien fenti, s'ils ne l'ont pas

connu, en indiquant ce *Repos*, ou
du moins le lieu où l'on doit le pratiquer, par une parentèfe entre les
deux *fons* qui forment le premier
Ton dans leurs *Tétracordes disjoints*,
dont l'ordre diatonique de l'*Octave* eft compofé, (*Voyez* H dans
l'échelle C) où le premier ordre
de la nature établi dans l'échelle B
fouffre une altération bien marquée à I, par la *Tierce majeure* trop
forte d'un *Comma* qu'y introduit
la nouvelle origine du *la* comparé
à *fa*, parce qu'il n'y eft plus harmonique de ce *fa*, comme dans
l'échelle B, ne pouvant plus l'être
effectivement, dès qu'on veut le
faire monter à *fi*, puifqu'en ce cas,
les deux extrêmes *fa* & *fol* fe fuc-

céderoient immédiatement; auffi n'eſt-ce plus le même *la*, il ſur-paſſe l'autre d'un *Comma*; mais on verra dans un moment que cette différence eſt de nulle con-ſéquence dans le fond; elle y in-troduit même une des plus belles variétés dont l'harmonie ſoit ſuſ-ceptible, je veux dire le *Double emploi*, inconnu juſqu'à ma géné-ration harmonique, où j'en ai ren-du un compte aſſez exact, ſurtout pour ce qui regarde le *Mode* porté juſqu'à l'*Octave* dans un ordre dia-tonique; c'eſt pourquoi je n'en di-rai, dans la ſuite, que ce qui ſera néceſſaire pour mettre le Lecteur ſur les voyes.

Pour revenir aux trois *Tons* de

suite, on voit dans l'échelle C, qu'après le *Repos* supposé de 3 à 9, sur le premier *Ton* qui y répond de *fa* à *sol*, on recommence un nouveau *Tétracorde*, pareil au premier dans ses rapports, où les deux *Tons* qu'il renferme, s'entonnent avec la même facilité que s'ils n'avoient été précédés d'aucun autre ; c'est pour l'oreille une nouvelle phrase harmonique, dont le rapport avec ce qui précede ne l'occupe plus ; le *Mode* change, en effet, dans cette nouvelle phrase, on le voit assez par le passage forcé de 27 à 81, pour pouvoir tirer de l'harmonie de *ré* 81 un *la* qui puisse monter diatoniquement à *si*.

81 qui résonne avec 27, peut

naturellement lui succéder, & si le *Repos absolu* formé par le retour de 81 à 27, n'a pas son plein effet, c'est que 3, qui, auparavant, a suivi & précédé 9, en détruit l'agrément, d'autant que 3 & 81 produit de 27 ne s'accordent pas : ainsi chaque extrême contrebalançant naturellement l'effet de l'autre, porte toute notre prédilection du côté de son générateur, comme on a dû le reconnoître sur ce que j'en ai déja dit.

Il y a d'autres moyens de prévenir l'oreille en faveur du générateur, comme la *Tierce mineure directe* & la *Dissonance*, ce qui se vérifiera dans la suite.

On trouve ici la solution d'une

queſtion d'autant plus curieuſe qu'elle renverſe tous les ſyſtêmes de Muſique qui ont paru juſqu'à préſent; ſçavoir, pourquoi tels intervalles diatoniques, déſignés par les mêmes noms, ont différents rapports dans les échelles B. C. & F, & pourquoi telles conſonances ſont juſtes d'un côté, & altérées de l'autre ?

Pour réſoudre la queſtion, il ſuffit de ſe repréſenter quel doit être notre guide, ou de la Baſſe fondamentale qui comporte l'harmonie, ou des intervalles diatoniques qui n'en ſont que le produit.

Les *Tons* ſont des produits qui conduiſent, à la vérité, à des confonances, mais à quelles confonances ? A celles, fans doute, qu'exige la Baffe fondamentale. Ici ces produits, quoique fous les mêmes noms, appartiennent à certains fondamentaux, là, ils appartiennent à d'autres, comme on le voit à I, dans les échelles B & C, & à G dans les échelles B & D; ici le même *Mode* fubfifte dans le même *Tétracorde*, comme à I de l'échelle B; là, il change, en paffant d'un *Trétracorde* à l'autre, comme à I de l'échelle C; mais par tout, les confonances attachées à la Baffe fondamentale font juftes; & pour lors les différens rapports entre les degrés qui y conduifent importent peu à l'oreille,

d'autant qu'elle y eſt inſenſible :
qui que ce ſoit ne ſçait encore s'il
exécute, ſoit avec la voix, ſoit ſur
l'inſtrument, plutôt un *Ton majeur*
qu'un *mineur*, & la conſonance altérée qui en peut naître n'eſt
point du tout celle qui occupe l'o-
reille ; toujours dirigée par la Baſſe
fondamentale, c'eſt ſur le rapport
des conſonances appartenant à cette Baſſe fondamentale qu'elle dé-
termine celui des degrés qui y conduiſent. Au reſte, cette altération
des conſonances paroîtra forcée
dans les échelles diatoniques, par
tout où, contre l'ordre de la nature, il ſe trouvera des *Quintes* tirées
d'une autre progreſſion que de la
triple, & des *Tierces* tirées de

cette seule progression.

Si nos Auteurs en théorie eussent osé approfondir cette question, eux qui ne jugeoient du rapport des consonances que sur une comparaison entre les produits, bien-tôt ils auroient vû tous leurs édifices s'écrouler par-là, puisqu'il est impossible d'établir aucun système diatonique dans l'étendue d'une *Octave*, sans qu'il ne s'y rencontre des consonances altérées ; mais ils ont fermé les yeux là-dessus, & si quelques-uns ont cité les rapports de ces consonances altérées, ç'a été sans s'y arrêter, sans en tirer la moindre conséquence.

On doit juger à présent, sur cet exposé, de la possibilité du *double emploi*, cité il n'y a qu'un moment, puisqu'il importe peu à l'oreille que le *la*, dont il y est question, appartienne à *fa* 3, comme *Tierce*, ou à *ré* 81, comme *Quinte*, & qu'il soit le même de part & d'autre, dès qu'il forme, de chaque côté, une consonance juste avec sa Basse fondamentale.

Que de Principes émanés d'un seul ! faut-il vous les rappeller, Messieurs ? De la seule résonance du corps sonore, vous venez de voir naître l'*harmonie*, la *Basse fondamentale*, le *Mode*, ses rapports dans ses *adjoints*, l'ordre, ou le *genre diatonique* dont se forment les moindres degrés naturels à la voix, le *genre majeur*, & le *mineur*, presque toute la *Mélodie*, le *double emploi*, source féconde d'une des plus belles variétés, les *Repos*, ou *Cadences*, la *Liaison* qui, seule, peut mettre sur les voyes d'une infinité de rapports & de successions, même la nécessité d'un *Tempérament*, dont, à la vérité, il n'est pas encore question, parce que tout ce qui doit y conduire n'est pas encore établi, mais dont on doit avoir déja quelques soupçons sur l'accident des consonances altérées, qui n'est d'aucune conséquence dans le fond ; sans parler du *Mode mineur*, ni de la *Dissonance* toujours émanés du même principe, non plus que du produit de la proportion quintu-

ple, qui feront le fujet des articles
fuivans.

D'un autre côté, avec l'harmonie naiffent les *proportions*, & avec
la mélodie les *progreffions*, de forte
que ces premiers principes Mathématiques, trouvent eux-même ici
leur principe Phyfique dans la nature.

Ainfi, cet ordre conftant, qu'on
n'avoit reconnu tel qu'en confé-
quence d'une infinité d'opérations
& de combinaifons, précede ici
toute combinaifon, & toute opération humaine, & fe préfente, dès
la premiere réfonnance du corps
fonore, tel que la nature l'exige :
ainfi, ce qui n'étoit qu'indication
devient principe, & l'organe, fans

le secours de l'esprit, éprouve ici ce que l'esprit avoit découvert sans l'entremise de l'organe ; & ce doit être, à mon avis, une découverte agréable aux Sçavans, qui se conduisent par des lumieres Métaphisiques, qu'un phénomene où la nature justifie & fonde pleinement des principes abstraits.

Tout *Mode* participe du genre de la *Tierce* directe au générateur, c'est pourquoi celui - ci s'appelle *majeur*, & celui dont je vais parler s'appellera *mineur*.

Du Mode mineur.

Le principe *ut*, qui, dans la pure & simple opération de la nature, produit immédiatement le *Mode majeur*, indique en même - tems à l'Art le moyen d'en former un *mineur*.

Cette différence, du propre ouvrage de la nature à celui qu'elle se contente d'indiquer, est bien marquée, en ce qu'il y a résonnance du *genre majeur* dans le corps sonore d'*ut*, au lieu qu'il n'y a qu'un simple frémissement par effet de sa puissance sur des corps étrangers capables de donner le *genre mineur*, comme on l'a vû par la maniere dont se forme la proportion arithmétique.

Mais cette indication une fois donnée, la nature rentre dans ses droits; elle veut, & nous ne pouvons faire autrement, que l'Art adopte, dans le nouvel ouvrage qu'elle lui laiſſe à faire, tout ce qu'elle a déja créé, elle veut que le générateur, comme fondateur de toute harmonie, & de toute ſucceſſion, donne également la loi dans ce nouvel Ouvrage, que tout ce qu'il a produit puiſſe y entrer, & qu'il en ſoit fait uſage de la même maniere qu'il en a d'abord ordonné.

Au reſte, pour former un accord parfait où le *genre mineur* ait lieu, il faut ſuppoſer que les multiples réſonnent, & qu'ils réſonnent dans leur totalité, au lieu, qu'en ſuivant l'expérience que j'ai rapportée, ils ne font que frémir, & ſe diviſent, en frémiſſant, dans les parties

parties qui conſtituent l'*Uniſſon* du corps ſonore qui les met en mouvement, de ſorte que ſi, dans cet état de diviſion, on ſuppoſoit qu'ils vinſſent à réſonner, on n'entendroit que cet *Uniſſon*.

On ne peut donc ſuppoſer la réſonnance des multiples dans leur totalité, pour en former un tout harmonieux, qu'en s'écartant des premieres loix de la nature; ſi d'un côté elle indique la poſſibilité de ce tout harmonieux, par la proportion qui ſe forme d'elle-même entre le corps ſonore & ſes multiples conſidérés dans leur totalité, de l'autre elle prouve que ce n'eſt pas-là ſa premiere intention, puiſqu'elle force ces multiples à ſe di-

viſer, de maniere que leur réſonnance, dans cette diſpoſition ac-
tuelle, ne peut rendre que des *Uniſ-*
ſons, comme je viens de le dire;
mais ne ſuffit-il pas de trouver dans
cette proportion l'indication de
l'*accord parfait* qu'on en peut former? La nature n'offre rien d'inutile, & nous voyons le plus ſouvent
qu'elle ſe contente de donner à
l'Art de ſimples indications, qui le
mettent ſur les voyes. Profitons-
en donc, mais n'en n'abuſons pas:
n'allons pas imaginer que ces multiples puiſſent donner la loi dans
leur totalité, contentons-nous des
indications qu'on en peut tirer; &
loin d'en vouloir franchir les limites, rapprochons-nous, au contrai-

re, du principe qui nous guide, &
voyons ce que prétend la nature
par cette division forcée des multiples.

Ce que prétend la nature ? Elle
veut que le principe qu'elle a une
fois établi, donne par tout la loi,
que tout s'y rapporte, tout lui soit
soumis, tout lui soit subordonné,
harmonie, mélodie, ordre, mode,
genre, effet, tout enfin : car, par
ces *Unissons* des multiples, on ne
peut conclure autre chose, sinon
que le principe les forçant, par-là,
de se réunir à lui, se réserve encore,
pour ainsi-dire, le droit d'ordonner
de la variété que peut apporter le
nouveau *genre* qu'ils indiquent, dans
ce qu'il a déja produit.

Le *Mode* eſt donné. Tous, juſqu'à Zarlin, & ſes Sectateurs en
théorie, n'ont connu qu'un *Mode*;
car, pour les variétés qu'ils y indiquent, ce n'en eſt qu'en apparence, & nullement en effet; la
différence des *Tierces* n'y a jamais
lieu, ſi ce n'eſt par haſard, ſelon
que la modulation les améne dans
leur premier *Mode* annoncé; on
n'y voit que des *Quintes* & des
Quartes pour modèles, *Quintes* &
Quartes qui ſont partout les mêmes; moduler à la *Quinte*, à la
Quarte, à l'*Octave*, il n'y a là de
variété que dans l'étendue d'une
même modulation, & nullement
dans le fond.

Le *Mode* eſt donné; il n'eſt donc

plus en notre pouvoir d'y rien changer, on le voit affez par le produit déja épuifé de la fucceffion fondamentale par *Quinte*; s'il eft cependant poffible de le varier par le nouveau *genre* en queftion, fans doute que ce fera fans rien innover d'ailleurs à ce qui eft établi, finon toutes nos recherches feroient vaines.

Cette variété va devenir la caufe des différens effets entre les Modes, qui en feront fufceptibles. Elle exifte dans la *Tierce* directe du générateur. Ce générateur a déja déterminé le *genre* de fon *Mode*, par fa *Tierce majeure*, qu'il fait réfonner, il va pareillement déterminer celui d'un nouveau *Mode*, en formant, lui-même, une *Tierce mineure* directe, fans ceffer d'être principe; je dis, fans ceffer d'être principe, parce que, dans ce cas, le produit, ou fenfé tel, eft la feule caufe de l'effet : la preuve en eft certaine.

La feule *Tierce majeure* directe réfonne avec le *fon* fondamental, il eft conféquemment la caufe de fon effet : conféquemment encore il ne peut plus l'être d'une *Tierce mineure* directe qu'on lui fuppofe; ce fera donc néceffairement de cette *Tierce mineure* même, que naîtra la différence de l'effet entre elle & la *majeure*.

Auffi l'oreille indique-t-elle clairement les opérations du principe générateur *ut* dans cette circonstance; il s'y choisit, lui-même, un *son* fondamental, qui lui devient subordonné, & comme propre, & auquel il distribue tout ce dont il a besoin pour paroître comme générateur.

En formant la *Tierce mineure*, de ce nouveau *son* fondamental, qu'on juge bien devoir être le *son la*, le principe *ut* lui donne encore sa *Tierce majeure mi* pour *Quinte*, *Quinte* qui, comme on le sçait à présent, constitue l'harmonie, & ordonne de la proportion sur laquelle doit rouler toute la succession fondamentale du *Mode* : ainsi ce nouveau *son* fondamental, qu'on peut regarder, pour lors, comme générateur de

fon *Mode*, ne l'eft plus que par fubordination; il eft forcé d'y fuivre,
en tout point, la loi du premier
générateur, qui lui céde feulement
fa place dans cette feconde créa-
tion, pour y occuper celle qui eft
la plus importante.

De-là fuit une grande commu-
nauté de *fons* entre les harmonies
des fondamentaux de ces deux
Modes; car, dès que le générateur
du *majeur*, & fa *Tierce*, forment la
Tierce & la *Quinte* du générateur
du *mineur*, il en doit être de même
entre les *adjoints*, comme il eft aifé
de le vérifier. De cette commu-
nauté de *fons*, fuit un même ordre
diatonique dans l'étendue de l'Octave de l'un & de l'autre *Mode*, du

moins en defcendant, excepté que chaque générateur y commence & finit fon ordre : & s'il varie dans le deuxiéme *Tétracorde* de l'échelle E en montant, c'eft pour fe conformer de point en point aux loix du principe dans tous les *Repos abfolus*, dont la néceffité indifpenfable a dû fe reconnoître par ce que j'en ai déja dit, & notamment fur ce qui regarde la *note fenfible* ; ce deuxiéme *Tétracorde* étant en mêmes rapports que celui de l'échelle C ; d'où fuit une loi pour la *Quinte* au - deffus de tout générateur ; fçavoir, que fa *Tierce* doit toujours être *majeure*, dès qu'elle paffe à fon générateur, au lieu que dans tout autre cas elle reçoit la *Tierce* qui convient au genre du *Mode* dont elle fait partie.

On peut remarquer de plus, que la meilleure partie des marches diatoniques, dans l'un & l'autre *Mode*, appartient également aux *fons* fondamentaux de chaque *Mode*. *Voyez* les échelles B & D, depuis *fi* jufqu'à *fa*, ce qui prouve de nouveau que la caufe des différens effets qu'on doit éprouver entre ces deux échelles, naît directement de leur Baffe fondamentale ; on pourroit aller plus loin, & faire voir qu'une partie de ces mêmes marches diatoniques appartient encore à d'autres *Modes* pris dans les *adjoints* de ceux-ci.

Au reste, ces deux *Modes*, dans leur premier établissement qui est le seul naturel, c'est-à-dire, à B & à D, sont également parfaits, dès que la *Tierce mineure* directe est une fois reçûe, & qu'on sçait la nécessité de donner la *majeure* à la *Quinte* au-dessus du générateur, dans le cas prescrit; mais dès qu'il s'y agira de l'*Octave diatonique*, le *mineur* y sera susceptible d'une bien plus grande variété que le *majeur*; je dis variété, & non imperfection, parce que le tout n'y consiste que dans le plus ou le moins, entre le nombre des différens *Modes* qui peuvent y concourir.

Par exemple, si l'on descend dans le *Mode mineur* par *la*, *sol*, *fa*,

&c. on entre d'abord après *la* dans le *Mode majeur*, dont ce *mineur* dérive ; car, toute la différence diatonique de ces deux *Modes*, consiste dans le *sol* naturel ou *diéze*, non que dans la pratique on n'ait l'art d'y conserver l'impression du *Mode mineur* avec le *sol* naturel, mais par le secours d'une dissonance qu'on ne peut y éviter, & à la faveur d'un *Repos* qui vient immédiatement ensuite : d'un autre côté, si l'on descend par *la*, *sol*, *fa diéze*, ce *fa-diéze*, après *sol*, donne un nouveau *Mode* : d'un autre côté encore, si l'on descend par *sol-dieze* & *fa-dieze*, on annonce le *Mode majeur*, puisque le *Tétracorde* y est pareil au deuxiéme de l'é-

chelle C, excepté que *fa-dieze* n'y
soit pour le goût du chant. Il n'y a
donc qu'un seul moyen de conserver, en descendant, l'impression
du *Mode mineur* ; sçavoir, d'y ex-
clure *sol* de l'harmonie, & de l'employer simplement pour le goût du
chant, comme cela se peut ; &
pour lors tout y est soumis à la succession obligée des trois *sons* fondamentaux du *Mode* ; il suffit, pour
en juger, de prendre l'échelle D
en rétrogradant, où l'on ajoûtera
la au-dessus de *fa*, pour commen-
cer cette échelle, avec un autre *la*
dans la Basse fondamentale, & le
reste marchera dans le même ordre
où il se trouve.

D'ailleurs, la succession de *fa* à

sol - dieze n'eft point diatonique ;
quoique ce foit la feule naturelle
à la voix, quant à fes moindres
degrés ; de forte que pour la lui
procurer en ce cas, & contribuer
en même - tems à la beauté du
chant, il faut, ou ajoûter le *diéze*
au *fa*, comme dans l'échelle E,
ou le retrancher au *fol ;* mais ce
n'eft qu'une affaire de fimple mélodie, l'harmonie n'en fouffre point,
& la variété des *Modes* qui en peut
naître, eft un moyen fûr de plaire
quand on fçait en profiter : de-là
nous eft venu, fans doute, le fentiment du *chromatique* avant de le
connoître, & celui d'une diffonance entre *fol-diézé* & *fa*, qu'on n'auroit jamais foupçonnée poffible, fi

l'on s'en fût toujours tenu aux régles de nos premiers Maîtres.

Revenons à l'origine du *Mode mineur* directement engendré par le *majeur*, & concluons de-là, non-seulement de l'étroite liaison qu'il doit y avoir entre eux, mais encore de l'adoption que celui-ci doit en faire au rang de ses *adjoints* les plus intimes ; de sorte que le *mineur* ayant ses deux *adjoints* aussi-bien que le *majeur*, cela fait six *Modes* pour un seul, trois *majeurs*, & trois *mineurs*.

Quoique le *Mode mineur*, dans son origine, soit subordonné au *majeur*, cette subordination est sensée réciproque dans la pratique, de sorte que chacun y étant traité

comme premier dans fon genre ;
tous les autres lui prêtent mutuel-
lement du fecours, en y confervant
leur droit de préférence, fondé fur
leur plus ou moins de rapport, fur
leur plus ou moins de liaifon ; d'où
fuit une loi pour la longueur des
phrafes de chaque *Mode* ; car,
moins ils ont de rapport au premier donné, plus leurs phrafes doivent être courtes.

Je n'ai pas crû devoir paffer fous
filence le *Mode mineur*, comme
ont fait tous les Auteurs en Mufique théorique, non - feulement à
caufe de la grande variété qu'il introduit dans cet Art, mais encore
parce qu'il fert à adoucir la dure-
té de certains genres dont il fera
bien-tôt

bien-tôt queftion, & à perpétuer
un même *Mode* dans fon ordre diatonique plus long-tems qu'on ne
le pourroit fans fon fecours ; puifqu'à préfent on peut donner la
Tierce mineure au *fon* fondamental
ré, qui fe trouve dans l'échelle C
à 81, pour y entretenir toujours
l'impreffion du *Mode* d'*ut* ; mais à
condition d'une diffonance, qui
fera le fujet de l'article fuivant.
De plus, il étoit très-important de
reconnoître partout le principe
pour la caufe immédiate des effets, comme on en doit juger fur
ce qui a paru jufqu'à préfent.

Ici la fucceffion fondamentale
par *Tierces mineures* prend fa four-
ce.

F

Pour juger de l'effet de ces deux *Modes*, il suffit d'en connoître l'origine.

Le *Mode majeur*, ce premier jet de la nature, a une force, un brillant, si j'osois dire, une virilité, qui l'emportent sur le *mineur*, & qui le font reconnoître pour le maître de l'harmonie.

Le *mineur*, au contraire, existant moins par la seule & simple nature, reçoit de l'Art dont il est en partie formé, une foiblesse qui caractérise son émanation & sa subordination; aussi, dans la pratique, le goût conduit-il naturellement à employer ces deux *Modes* aux caracteres d'expressions qui leur conviennent.

La génération de ces deux *Modes*, où le *majeur* conftitue le genre du *mineur*, leur analogie, que je puis regarder comme une filiation dans leurs *adjoints*, & le fecours mutuel qu'ils fe prêtent, femblent préfenter certaines idées de comparaifon dont on pourroit peut-être tirer quelques inductions pour expliquer d'autres phénomenes de la nature.

Quoiqu'il en foit, la feule proportion triple a ordonné jufques ici de toutes les fucceffions, & la feule proportion harmonique en a formé tous les produits ; car la proportion arithmétique n'y ajoûte de nouveau que fon genre ; ces trois proportions naiffant directement de la réfonance du corps fonore, principe & générateur *ut*.

Ce n'eft pas-là tout, & nous allons voir naître encore toutes les diffonances de cette même proportion triple.

De la feptiéme qui renferme en elle feule toutes les Diffonances.

Seroit-ce feulement pour les affocier à fa marche, & pour en former de nouveaux générateurs, que le principe *ut* 9 auroit fait frémir fes deux *Quintes fa* & *fol*, 3, 27 ? Ne feroit-ce pas encore pour les engager à fe réunir dans une même harmonie, qui les forçât pour lors de retourner à lui ? Tout concourt à faire adopter cette idée.

D'un côté, la réduction naturelle des intervalles à leurs moindres degrés, où la *Tierce* est le moindre degré harmonique; de l'autre, le vuide qui se trouve entre la *Quinte* & l'*Octave* de *sol*, où l'on peut inférer une nouvelle *Tierce* dans cet ordre, *sol*, *si*, *ré*, *fa*, & où justement la *Quinte fa* engendrée sourdement s'unit à l'harmonie de la *Quinte sol* sensiblement engendrée: avec cela, l'expérience qui ne tolére pour toute dissonance, qu'une union semblable à celle de ces deux *Quintes*, formant entre-elles un intervalle de *septiéme* dans un accord composé de trois *Tierces*; qui plus est, la grande variété qu'introduit une pareille dissonan-

ce, dont l'addition détruit l'arbitraire entre les *fons* fondamentaux,
en forçant les extrêmes 3 & 27
de retourner à leur générateur 9 ;
voilà bien des raifons en fa faveur :
mais comme elle ne touche point
au principe, & que fans elle, comme avec elle, l'harmonie marche
toujours de même, je puis me paffer ici d'en dire davantage, finon
que fon introduction dans l'harmonie devient commune à la Baffe fondamentale ; ce qui fert à porter la variété à fon dernier pério-
de.

Sur cet accord de *feptiéme*, on
en a formé de toute efpece, autant que la fuceffion fondamentale, & la *Liaifon* l'ont pû permet-

tre, principes que le fentiment &
le goût ont toujours dictés : le *Ren-*
verfement, la *fufpenfion* & la *fuppo-*
fition, ce que je vais expliquer, ont
encore fourni les moyens de varier ce même accord, d'où l'on a
crû jufqu'ici qu'il y avoit une infinité de diffonances ; toutes les régles qui les regardent fe tirent des
fucceffions fondamentales & diatoniques, de la *Liaifon* & du complément de l'harmonie, fi bien
que cette nouveauté n'introduit
que de la variété, fans rien changer au fond.

J'ai déja dit en quoi confifte le
Renverfement. Quant à la *fufpenfion*,
ce n'eft qu'une fuite de la *Liaifon*,
& pour la *fuppofition*, où il s'agit

feulement d'ajoûter une *Tierce* ou une *Quinte* au-deffous de la Baffe fondamentale, elle femble indiquée par le corps fonore même, qui fait frémir fa *Tierce* & fa *Quinte* au-deffous, pendant que fon harmonie réfonne.

Il y a encore la *Cadence rompue*, qui ne confifte qu'à changer la Baffe fondamentale d'un *Repos abfolu* en une autre qui monte de *feconde*, ou defcend de *feptiéme*, fans en changer le produit; ce qui détruit l'effet de ce repos, comme on en a déja pû juger fur l'expérience propofée à ce fujet. On voit affez que cette *Cadence rompue* tire fon origine de la diffonance même, puifqu'elle confifte dans une marche fondamentale en montant de *seconde*, ce qui est la même chose que descendre de *septiéme*.

Ici, la dissonance ajoûtée à l'harmonie de *ré* 81 de l'échelle C jointe à la *Tierce mineure* citée dans l'article précédent, achéve de mettre sur les voyes, tant pour y conserver l'impression du premier *Mode* donné, que pour le *double emploi*, dont j'ai déja parlé, on y trouve, *ré, fa, la, ut,* où *ré* reçoit l'accord de *fa* & où ce *fa* peut recevoir, de son côté, le même *ré* dans son harmonie, ainsi, *fa, la, ut, ré;* car, dès que l'accord est supportable d'un côté, il doit l'être de l'autre, à la faveur du Renversement.

Produit de la Tierce majeure ou de la proportion quintuple, d'où naissent les genres Chromatiques & Enharmoniques.

Dès que la proportion quintuple entre en marche, elle donne dans son produit un *demi-ton mineur* entre 24 & 25, (*Voyez* K) qui n'est pas à beaucoup près aussi naturel que le *majeur* tiré de la proportion triple; & pour en juger, il suffit d'entonner de suite, *ut, ré, mi, fa, fa✕,* ou le *demi-ton mineur* de *fa* à *fa✕* embarasse ceux qui n'ont pas une expérience bien consommée; en un mot, on ne l'entonnera pas avec la même facilité, sans y penser, ni fans biaifer, comme celui de *mi* à *fa.*

Ce *demi-ton mineur* s'appelle *Chromatique*, de même que le *majeur* s'appelle *Diatonique*, il eft toujours défigné par un *dièze* ou un *bémol* joint à une *note* qui ne change point de nom; il n'arrive jamais que pour changer de *Mode* ; & c'eft juftement ce qui empêche les perfonnes peu expérimentées, d'en avoir le fentiment préfent à l'oreille; il naît de la différence de la *Tierce majeure* à la *mineure*, dont on ufe fouvent dans l'harmonie d'un même générateur, pour changer fon *Mode* de *majeur* en *mineur*, ou de *mineur* en *majeur.*

Si l'on paffe d'un extrême à l'autre dans la proportion quintuple ; leur produit donnera le *quart* de *ton* 125. 128, dit *Enharmonique*, & qui fait la différence du *demi-ton majeur* au *mineur*. *Voyez* L.

Comme ce *quart* de *ton* n'a point lieu dans nos inftrumens, parce que l'oreille ne peut l'apprétier ; on trouve le moyen de le pratiquer à la faveur d'un accord de *feptiéme*, tout compofé de *Tierces mineures*, celui-là même que j'ai cité à la page 78, entre *fol* ✳ & *fa*, & à la faveur de l'emprunt d'une Baffe fondamentale qui marche par *Tierce mineure* ; ce qui le rend fupportable ; mais l'explication en feroit trop longue : qu'il me foit permis feulement de citer à ce fu-

jet, le premier monologue du quatriéme Acte de mon Opéra de
Dardanus, où ce *genre Enharmoni-*
que est employé avec assez de suc-
cès, quoique le *quart* de *ton* n'y
ait point lieu.

La succession alternative d'une
Quinte & d'une *Tierce majeure*, où la
proportion triple s'entrelace avec
la quintuple, (*Voyez* M) donne un
genre composé, qu'on appèlle *dia-*
tonique Enharmonique, d'autant que
les *demi-tons* qui en sont produits
sont toujours *majeurs*, & que deux
demi-tons majeurs forment un *ton*
trop grand d'un *quart* de *ton*, si bien
que les *demi-tons* toujours *diatoni-*
ques aménent nécessairement l'*En-*
harmonique dans le *ton* qui en est

formé; ce qui en rend la pratique difficile aux voix, mais non pas impoſſible.

Je regrette à ce ſujet, le *Trio* des Parques de mon Opéra d'Hyppolite & Aricie, dont l'eſſai m'avoit réuſſi avec d'habiles Muſiciens de bonne volonté, & dont l'effet paſſe l'idée qu'on peut s'en faire, eû égard à la ſituation. Il me l'a fallu cependant abandonner pour l'exécution théatrale. Ainſi l'Art reſtera toujours dans des bornes étroites, tant qu'il manquera de protecteurs accrédités.

Si l'on paſſe alternativement d'une *Tierce mineure* en deſcendant à une *majeure* en montant, pendant que chaque *ſon* fondamental portera de fuite la *Tierce mineure* & la *majeure*, il en réfultera un *genre* compofé, appellé *Chromatique En- harmonique*, d'autant que le produit donnera deux *demi-tons mineurs* de fuite, qui forment un *ton* trop foi- ble d'un *quart* de *ton*. *Voyez* N.

Je ne fçai fi ce genre convien- droit aux voix, on peut l'éprouver du moins fur des inftrumens dans une fituation convenable, comme je l'avois voulu faire dans un trem- blement de terre de mon Ballet des Indes galantes ; mais j'y fus fi mal reçû, & fi mal fervi, qu'il me fallut le changer en une Mufique commune.

Tous ces nouveaux genres naif- fent, comme on le voit, des premieres fucceffions fondamentales établies fur les proportions triples & quintuples, mais le produit de ces fucceffions n'a aucun pouvoir dans l'expreffion.

A mefure que le principe s'éloigne de fes premieres routes, il perd fes droits fur l'oreille, & dès qu'elle ne peut plus le fous-entendre dans fon produit, tout fentiment harmonique lui eft interdit : le *diatonique* lui rappelle la proportion triple, le *Chromatique* lui rappelle la proportion quintuple, & comme déja celle-ci eft moins fimple que la triple, auffi l'oreille n'en faifit - elle pas le produit àvec la même facilité. Pour ce qui eft de l'*Enharmonique*, il ne rappelle rien.

C'eft

C'eſt le produit de deux extrêmes très-diſſonans entre-eux, auxquels même la nature a d'abord refuſé la ſucceſſion immédiate, d'où il n'eſt pas étonnant que l'oreille ne puiſ-ſe l'apprétier.

Dans le monologue, *Triſtes ap-prêts*, de mon Opéra de Caſtor & Pollux, il ſe trouve à tout moment des changemens de *Mode*, où l'on éprouve l'effet du *Chromatique*, & où cependant le *demi-ton mineur*, qui en eſt le produit, n'a jamais lieu. A l'égard de l'*Enharmonique*, il n'eſt jamais queſtion de ſon produit : on ne le connoît pas même ſur nos inſtrumens.

Le produit n'exiſtant que par ſon générateur, donc la cauſe de l'effet est dans ce générateur, comme je l'ai déja fait pressentir au sujet d'un *Repos absolu*. Si ce produit, dès qu'il est apprétiable, peut y ajoûter de la force, il la tient toujours de ce même générateur : ainsi quand la succession fondamentale conduit d'un *Mode* à un autre, l'effet de leur différence vient de cette succession, & n'a point d'autre cause, en y comprenant la différence des *genres majeurs* & *mineurs*, qui font toujours partie de l'harmonie de cette même succession.

C'est du plus ou moins de rapport entre les *Modes* successifs que naissent les impressions plus ou moins sensibles, & ce n'est que par ce moyen que fe produifent les grands effets. Le *diatonique* a l'agréable en partage ; le *Chromatique* le varie, & dans le *Mode mineur* il tient du tendre & plus encore du trifte ; l'*Enharmonique* déroute l'oreille, porte l'excès dans toutes les paffions, effraye, épouvante, & met partout le défordre, quand on fçait le compofer à propos de *diatonique* & de *chromatique*, & le foutenir d'un mouvement convenable à l'expreffion.

Je cite ici les produits au lieu de leurs générateurs, defquels feuls j'aurois dû faire mention, puifqu'ils font l'unique caufe des effets qu'on éprouve également fans ces produits, comme avec eux.

G ij

Outre que le *quart* de *ton* eſt inapprétiable, ſon expreſſion, ſi elle
étoit poſſible, dérouteroit encore
plus l'oreille qu'elle ne l'aideroit;
auſſi eſt-il exclu de nos inſtrumens
à Touches, on ne penſe même jamais à l'exprimer ſur les inſtrumens ſans Touches, où cela ſe
pourroit cependant, en gliſſant le
doigt : la même Touche, le même
ſon exprime partout ces deux différens *ſons* donnés pour exemple à
{ $la\frac{125}{\times}$ $ſi\frac{128}{♭}$ }; d'où il eſt bien évident que ſi nous éprouvons l'ef-
fet du *quart* de *ton* pendant que
{ $la\frac{125}{\times}$ ou $ſi\frac{128}{♭}$ } exiſte toujours, cet
effet n'a d'autre cauſe que le chan-
gement de *Mode* occaſionné par la

succeſſion fondamentale , dont l'harmonie éxige un pareil pro-duit.

Que doit-on penſer, à préſent, des Anciens, qui n'ont puiſé ces différens *genres* que dans les pro-duits ? Lorſque les effets qu'ils en racontent n'en dépendent point, lors même que ces produits , je veux dire le *quart* de *ton*, font in-apprétiables à l'oreille.

Peut-on révoquer en doute, après ce qui vient de paroître que la cauſe des effets ne réſide uniquement dans le plus ou le moins de rapport entre les *Modes*, dont la Baſſe fondamentale ordonne tou-jours ? En faut-il davantage que ce que j'ai déja fait remarquer au ſujet

G iij

du *Repos absolu*, & que ce qu'on doit reconnoître à présent dans le *Chromatique*, & surtout dans l'*Enharmonique*, dont le produit n'existe point.

Tout cela joint à la génération des *Genres*, des *Modes*, & de ce qui en émane, *Repos*, *Liaisons*, &c. uniquement dépendans d'une proportion triple, à laquelle se joint, à la fin, la quintuple, tout cela, dis-je, prouve bien l'existence du principe dans un seul *son*, qui, par sa résonnance, a engendré ce tout.

A voir la Musique donnée par la nature d'une maniere aussi complette; d'un côté, ces qualités, ces puissances que nous ne pouvons plus méconnoître dans les corps fonores, d'un autre la conformation de nos organes difposés à recevoir les effets de ces corps fonores, & à nous en faire jouir, ne pourroit-on pas croire qu'un tel Art, réduit en apparence au pur agrément, eft deftiné par la nature à nous être d'une utilité mieux proportionnée à fes intentions. Pardonnez, Meffieurs, cette réflexion, que j'avoue être bien plus de votre reffort que du mien, & dont vous feuls êtes capables de fentir toutes les conféquences.

Au refte, vous voyez affez, Meffieurs, combien il eft facile de tirer de mon principe, des méthodes claires & précifes, foit pour trouver tous les chants poffibles fur une

Baſſe fondamentale donnée, ſoit pour trouver la Baſſe fondamentale de tous les chants. C'eſt un détail dans lequel il eſt d'autant plus inutile d'entrer, qu'on le trouve en partie dans les Ouvrages que j'ai donnés au Public, & qu'il ne fait rien à l'objet préſent.

Je n'ajoûterai plus qu'un mot ſur la néceſſité du Tempéramment : c'eſt encore une des choſes ſuggérées par la nature.

Du Tempéramment.

Toute différence qui conſiſte dans des inapprétiables, eſt par conſéquent inapprétiable ; on ne ſent point la différence du *quart* de *ton* entre le *demi - ton majeur* & le *mineur*, si ce n'est par la difficulté d'entonner le *mineur*, quand il suit immédiatement le *majeur*; aussi est-ce sur cette remarque qu'on a fabriqué les instrumens à Touches, où les *demi-tons* sont égaux, du moins presque égaux : on sent encore moins la différence du *Comma* entre le *Ton majeur* & le *mineur*, on ne s'en apperçoit pas même dans des consonances données par des produits qui servent à conduire aux consonances justes qu'exige la Basse fondamentale; ainsi le tout bien considéré, on voit combien il importe peu à l'oreille que ces *Tons*, *quarts* de *Tons*, & *demi-tons* soient dans leur juste proportion; on s'en est toujours douté, mais la raison en feroit encore inconnue, fi l'on n'étoit pas à préfent convaincu que de pareils produits n'ont de force dans la mélodie qu'autant qu'ils s'y trouvent difpofés dans l'ordre qu'e- xige l'harmonie. Et qu'importent à l'oreille les rapports de ces pro- duits? Lorfque tout l'effet qu'elle en éprouve naît directement de la Baf- fe fondamentale, de la perfection de fon harmonie, de la différence des *genres majeurs* & *mineurs* dans cette harmonie, & du plus ou moins de rapport entre les *Modes* fuccef- fifs.

Voilà déja un fait éclairci ; fça- voir, l'inutilité de rectifier des dif- férences inapprétiables, & qui, par là, doivent être réputées infenfi-

bles. Mais comme nous avons douze *quintes*, & par conséquent douze
demi-tons, tant *diatoniques* que *chro-*
matiques, pour arriver à l'*Octave*,
(*Voyez les Progr.* A) les ſons de
chacun de ces *demi - tons* pouvant
devenir à leur tour générateurs
d'un *Mode*, il ne pourra ſe faire qu'il
ne tombe quelques conſonances altérées dans l'harmonie même ; il
faudra bien, par exemple, que le
même *ré* faſſe la *Tierce majeure* de
ſi ♭, & la *quinte* de *ſol*, pendant qu'il
eſt à 5 d'un côté, & à 81 de l'autre ;
mais la nature n'y auroit - elle pas
remédié par la préoccupation où
elle nous tient en faveur des ſons
fondamentaux, ſeule & unique
cauſe des effets, & dont l'harmo-

nie, toujours fous-eentendue dans la perfection qu'exigent leur *Liaifon* & le rapport des *Modes* fuccef-fifs, rectifie à l'oreille quelques légéres altérations qui n'ont lieu que dans des produits paffagers, mais étrangers aux corps fonores repréfentés par ces *fons* fondamentaux. Il faut bien que cela foit ainfi, furtout fi l'on fe rappelle ce qui eft expreffément annoncé dans ma génération harmonique au fujet des Orgues (*pages* 13 *&* 14), & au fujet des voix accompagnées de différens inftrumens, dont le Témpéramment eft différent (cinquiéme Propofition, *page* 87 *), ce qui porte avec foi une conviction fans répli-

_____

* Ces expé:iences font expliquées dans le rapport fait à l'Académie Royale des Sciences, & qui fe trouve à la fuite de cet Ouvrage.

que en faveur de la Baſſe fondamentale, dont la parfaite harmonie, toujours préſente, nous fait
tolérer de petites altérations qui lui
ſont étrangeres.

Ainſi la néceſſité d'un Tempéramment une fois reconnue, & la proportion triple qui doit s'étendre à
préſent en progreſſion, pour arriver d'une *Quinte* à l'autre juſqu'à
l'*Octave* du premier terme, conte-
nant en elle ſeule tous les intervalles *diatoniques* & *chromatiques*, mais
preſque tous altérés, & devant être,
par conſéquent, ici notre guide,
comme elle l'a été dans la génération des *Modes*; il ne s'agit plus que
de ſçavoir comment s'y prendre,
& je ne crois pas qu'il y ait un meil-

leur moyen que celui que j'ai pro-
poſé dans ma génération harmonique; il eſt le ſeul qu'indique la nature, l'expérience y ſouſcrit d'ailleurs, & ſi l'on n'en fait point uſage, on ne doit s'en prendre qu'aux
habitudes reçûes, dont on a de la
peine à ſe départir : mais conduit,
dès ma plus tendre jeuneſſe, par un
inſtin mathématique dans l'étude
d'un Art pour lequel je me trouvois
deſtiné, & qui m'a toute ma vie
uniquement occupé, j'en ai voulu
connoître le vrai principe, comme
ſeul capable de me guider avec
certitude, ſans égard pour les habitudes ni les regles reçûes.

Je ne parlerai point de ma pratique, quoiqu'elle ſoit aſſez conſi-

dérable pour former un essai suffisant de l'application de mes régles; je sens toute l'insuffisance d'une pareille preuve, lorsqu'il s'agit de vérités philosophiques, & surtout pour des esprits comme les vôtres, qu'on ne peut, & qu'on ne doit convaincre que par des démonstrations, ce que je compte avoir fait. Je vous dirai seulement, Messieurs, à l'égard de la pratique, que lorsque je m'y livrai en travaillant pour le Théâtre, si je fus entraîné par le plaisir d'y faire, comme Artiste, beaucoup de peintures dont j'avois conçû l'idée, chose qui flate infiniment le goût & l'imagination, je le fus encore davantage par celui de voir, comme Philosophe, le jeu de tous ces phénoménes, dont le principe ne m'étoit plus inconnu, & de donner lieu à une infinité d'effets dont je m'étois mis en état de connoître les caufes.

Comblé des bontés du Public par les fuccès de mes Ouvrages de Mufique - pratique, fuffifamment fatisfait, & content moi - même, j'ofe le dire, de mes découvertes dans la théorie, je ne défire plus que d'obtenir du plus refpectable Tribunal de l'Europe Sçavante, le fceau de fon approbation fur la partie de mon Art, dans laquelle j'ai toujours le plus ambitionné de réuffir.

F I N.

EXTRAIT *des Regiſtres de l'Académie Royale des Sciences.*

Du 10 Décembre 1749.

NOUS, Commiſſaires nommés par l'Académie, avons examiné un Mémoire où M. RAMEAU expoſe les fondemens de ſon Syſtême de Muſique théorique & pratique.

Tout ce Syſtême eſt fondé ſur les deux expériences ſuivantes.

1°. Si on fait réſonner un corps ſonore, que nous appellerons *ut* pour le déſigner plus facilement, on entend outre le *ſon* principal, deux autres *ſons* très-aigus, dont l'un eſt la douziéme au-deſſus du *ſon* principal, c'eſt-à-dire, l'*Octave* de ſa *Quinte* en montant, & l'autre la dix-ſeptiéme *majeure* au-deſſus de ce même *ſon*, c'eſt-à-dire, la double *Octave* de ſa *Tierce majeure* en montant.

2°. Si on accorde avec le corps *ut* quatre autres corps, dont le premier ſoit à ſa douziéme au-deſſus, le ſecond à ſa dix-ſeptiéme *majeure* au-deſſus, le troiſiéme à ſa douziéme au-deſſous, le quatriéme à ſa dix-ſeptiéme *majeure* au-deſſous; alors, en faiſant réſonner le corps *ut*, on verra frémir dans leur totalité, le premier & le ſecond des deux corps. A l'égard du troiſiéme & du quatriéme, ils frémiront auſſi; mais en frémiſſant, ils ſe diviſe-

ront par une efpece d'ondulation,
l'un en trois, l'autre en cinq parties égales, (circonftance effentiel-
le pour ce que nous avons à dire
dans la fuite, & de laquelle nous
avons été témoins.) Au refte, ces
deux expériences étoient con-
nues *.

* *Voyez*
Merfenne
& Wallis.

Cela pofé, fi on appelle 1 la corde qui rend le fon *ut*, on fçait que
la corde qui rendoit la douziéme
au-deffus, feroit $\frac{1}{3}$ de la corde 1, &
que celle qui rendroit la dix-
feptiéme au‑deffus, en feroit
$\frac{1}{5}$. On peut donc défigner le *fon*
principal & les deux autres *fons*
harmoniques qui l'accompagnent
par ces nombres 1, $\frac{1}{3}$, $\frac{1}{5}$, qui forment une proportion que l'on a

en effet appellée *harmonique*.

Il n'eſt pas néceſſaire d'être Muſicien pour s'appercevoir de la reſſemblance qu'il y a entre un *ſon* quelconque, & ſon *Octave*, ces deux *ſons* ſe confondant preſque entiérement à l'oreille, lorſqu'ils ſont entendus enſemble; d'où M. RAMEAU conclut qu'à un *ſon* quelconque, on peut toujours indifféremment ſubſtituer ſon *Octave* ſimple, double, ou triple, en montant, ou en deſcendant. On ſçait, de plus, que deux cordes qui ſont à l'*Octave* l'une de l'autre, ſont entre elles comme 1 à 2 : ainſi les trois *ſons* 1, $\frac{1}{3}$, $\frac{1}{5}$, étant rapprochés l'un de l'autre le plus qu'il eſt poſſible, par le moyen de leurs

Octaves, l'Auteur forme la nouvelle proportion harmonique $\frac{1}{4}$, $\frac{1}{5}$, $\frac{1}{6}$, qu'il substitue à la premiere. Dans cette proportion $\frac{1}{4}$, $\frac{1}{5}$, $\frac{1}{6}$, les deux premiers termes $\frac{1}{4}$, $\frac{1}{5}$, forment une *Tierce majeure*, ou, ce qui revient au même, cette proportion représente le chant *ut*, *mi*, *sol*, auquel si l'on joint l'*Octave* d'*ut* en montant, on aura le chant *ut*, *mi*, *sol*, *ut*, que l'on peut regarder comme donné immédiatement par la nature même. En effet, si nous entonnons la *Tierce* aulieu de la *dix-septiéme*, & la *Quinte* aulieu de la *douziéme*; c'est que le peu d'étendue de notre voix, & la facilité que nous avons à confondre les *sons* avec leurs *Octaves*, nous portent naturellement à réduire tous les intervalles à leurs moindres degrés.

L'accord formé de la douziéme & de la dix - septiéme *majeure* unies avec le *son* fondamental, eſt par cette même raiſon extrêmement agréable, ſurtout lorſque le Compoſiteur peut proportionner enſemble les voix & les inſtrumens, d'une maniere propre à donner à cet accord tout ſon effet, ce qui n'arrive pas toujours : M. Rameau l'a exécuté avec ſuccès dans un Chœur très-connu de l'Acte de *Pigmalion*.

L'Auteur ſe ſert encore de la premiere des deux expériences, pour aſſigner la différence du *bruit* & du *ſon*, & la raiſon du plus ou du moins de ſenſibilité des hommes au plaisir musical. Tout *bruit* est un : tout *son*, au contraire, est nécessairement composé, étant toujours accompagné de ses *sons* harmoniques ; & le plaisir musical, dit l'Auteur, sera plus ou moins grand, selon que l'oreille sera plus ou moins affectée de ces *sons*. Cette maniere d'expliquer le sentiment de l'harmonie, avoit déja été donnée par M. de Mairan, dans les *Mem. Acad.* 1737.

M. RAMEAU passe ensuite à la seconde expérience, & il observe d'abord que le *son* fondamental étant 1, sa douziéme & sa dix-septiéme *majeure* en descendant, sont représentées par 3 & par 5. Ainsi le frémissement de cette douziéme

& de cette dix-septiéme, produit par le *son* principal, donne à M. RAMEAU la proportion arithmétique 1, 3, 5, dont les trois termes étant rapprochés les uns des autres le plus qu'il est possible, par le moyen de leurs *Octaves*, il en résulte la nouvelle proportion arithmétique 6, 5, 4, qui répond au chant *fa*, *la*♭, *ut*, & où la *Tierce mineure* 6, 5, se trouve la premiere, & la *Tierce majeure* 5, 4, la seconde, ce qui est le contraire de la proportion $\frac{1}{4}$, $\frac{1}{5}$, $\frac{1}{6}$, qui a été donnée par la premiere expérience, & dans laquelle la *Tierce majeure* se trouve la premiere, & la *Tierce mineure* la seconde. La différence de cet arrangement des *Tier*

ees conftitue toute la différence
des deux *genres* ou *modes*, que l'on
a appellés l'un *majeur* & l'autre *mineur :* nous y reviendrons dans la
fuite de cet Extrait; mais il faut
confidérer d'abord d'après M. RA-
MEAU, ce que l'on tire des deux
proportions $1, \frac{1}{3}, \frac{1}{5}$, & $5, 3, 1$,
l'une *harmonique*, l'autre *arithméti-
que*, immédiatement données par
les deux expériences.

Ces deux proportions combi-
nées entre elles fourniffent à l'Auteur deux nouvelles proportions,
qui font géométriques; fçavoir, 3,
$1, \frac{1}{3}$, & $5, 1, \frac{1}{5}$. La premiere, comme l'on voit, renferme les deux
douziémes du *fon* fondamental,
l'une au-deffus, l'autre au-deffous,

au milieu desquelles se trouve le *son* fondamental même. La seconde est formée du *son* fondamental, & de ses deux dix-septiémes *majeures* : M. RAMEAU s'attache d'abord à la premiere.

Il observe que les termes $3, \frac{1}{3}$, quoiqu'ils représentent les douziémes du *son* 1, peuvent être regardés comme ses *Quintes*, puisque la douziéme n'est que l'*Octave* de la *Quinte*; de sorte qu'il représente 3, 1, $\frac{1}{3}$ pour *fa, ut, sol*, quoique *fa, ut, sol*, à parler exactement, soient $\frac{3}{2}$, 1, $\frac{2}{3}$. De plus, pour éviter l'embarras des fractions, il substitue à 3, 1, $\frac{1}{3}$, les nombres entiers 9, 3, 1, qui sont dans le même rapport, ensorte que le corps sonore n'est plus indiqué par 1, mais par 3, ce qui eſt indifférent, l'ordre de la proportion étant d'ailleurs conſervé.

L'on ſçait de plus, que le nombre des vibrations que des cordes de même groſſeur, de même matiere, & également tendues, font dans le même tems, eſt en raiſon renverſée de la longueur des cordes ; ainſi les nombres de vibrations que les cordes 9, 3, 1, font dans le même tems, ſeront repréſentés par 1, 3, 9 ; on peut donc, dit M. RAMEAU, ſe ſervir de ces trois derniers nombres pour déſigner les ſons *fa*, *ut*, *ſôl* ; par cette raiſon, que 9, 3, 1, déſignent ſeulement les longueurs des cordes qui produifent ces *fons* ; aulieu que les nombres 1 , 3 , 9 , repréfentant le nombre des vibrations , lui paroiffent plus propres à défigner le *fon*.

Ainfi l'Auteur exprime *fa*, *ut*, *fol*, par les nombres 1 , 3 , 9 ; & la proportion qu'ils forment , eft ce que M. Rameau appelle *Baffe fondamentale d'ut en proportion triple*, ou fimplement *Baffe fondamentale*. Les trois *fons* qui forment cette Baffe , & les *harmoniques* de chacun de ces trois *fons* , compofent ce qu'on appelle le *Mode majeur d'ut*.

Si on fubftitue aux trois termes 1 , 3 , 9 , les trois termes 3 , 9 , 27 , qui font en même proportion , ensorte que le *son* générateur ou fondamental soit représenté par 9, & qu'on étende la proportion en une progression de cette forme

$$\left\{ \begin{array}{ccccc} \overset{1,}{si\flat}, & \overset{3,}{fa}, & \overset{9,}{ut}, & \overset{27,}{sol}, & \overset{81,}{ré}, \; \textit{\&c.} \end{array} \right\} \text{ M. Ra-}$$

MEAU remarque d'abord que les deux termes $\left\{ \overset{1,}{si\flat}, \overset{27,}{sol}, \right\}$ ainsi que leurs termes $\left\{ \overset{3,}{fa}, \overset{81,}{ré}, \right\}$ étant rapprochés l'un de l'autre le plus qu'il est possible, par le moyen de leurs *Octaves*, forment entre eux cette *Tierce mineure* $\frac{32}{27}$, ou, ce qui est la même chose, $\frac{192}{162}$. Or, cette *Tierce mineure* est plus foible d'un *Comma**

---

* On appelle *Comma* la différence du *Ton majeur* au *Ton mineur:* on sçait que le *Ton majeur*, par exemple, d'*ut* à *ré*, est $\frac{8}{9}$, & que le *Ton mineur*, par exemple, de *ré* à *mi*, est $\frac{9}{10}$; or ces deux fractions sont entre-elles, comme 80 à 81, ainsi le rapport de 80 à 81, désigne ce qu'on appelle *Comma*.

que la *Tierce mineure harmonique* $\frac{6}{5}$;
car $\frac{32}{27}$ eft à $\frac{6}{5}$, comme 80 à 81.
D'où l'Auteur conclut : 1°. que fi
dans la progreffion 1, 3, 9, 27,
&c. on prend plus de trois termes,
il fe trouve déja dès le quatriéme terme, une altération entre
les *Tierces*. 2°. Qu'on ne fçauroit
faire fuccéder immédiatement
dans l'harmonie les termes $\frac{fa}{3}$ &
$\frac{ré}{81}$, non plus que les termes $\frac{fi\flat}{1}$ &
$\frac{fol}{27}$, puifque les *fons* que ces nombres repréfentent, ne peuvent être
harmoniques l'un de l'autre. 3°. Qu'on
ne fçauroit non plus faire fuccéder
immédiatement les termes 3 & 27;
car $\frac{ré}{81}$ étant la *Quinte* au - deffus
de $\frac{fol}{27}$, il s'enfuit de la premiere

expérience, que le *son* $\frac{sol}{27}$ emporte nécessairement avec lui le *son* $\frac{ré}{81}$, & qu'ainsi la succession immédiate de $\frac{fa}{3}$ & de $\frac{sol}{27}$, emporteroit celle de $\frac{fa}{3}$ & de $\frac{ré}{81}$ qu'on vient de rejetter.

M. RAMEAU tire de là cette conséquence, que de quelque maniere qu'on entrelace les *sons* dans la progression $\left\{ \begin{matrix} 1, & 3, & 9, & 27, & 8, \& c. \\ si\flat, & fa, & ut, & sol, & ré, \& c. \end{matrix} \right\}$ il est nécessaire que deux *sons* voisins, pris dans cette progression, se succédent toujours immédiatement. Ce principe posé, il imagine d'abord une Basse fondamentale d'*ut* en disposant les *sons fa, ut, sol,* de cette maniere, $\left\{ \begin{matrix} sol, & ut, & sol, & ut, \\ 27, & 9, & 27, & 9, \end{matrix} \right.$ $\left. \begin{matrix} fa, & ut, & fa, \\ 3, & 9, & 3, \end{matrix} \right\}$ où l'on voit que la con-

dition preſcrite eſt obſervée : il
met au - deſſus de chacun des *ſons*
qui compoſent cette Baſſe , un de
leurs *ſons harmoniques ;* ſçavoir , ou
l'*Uniſſon* , ou l'*Octave* , ou la *Tierce
majeure* , ou la *Quinte* , & choiſit
ces *ſons* harmoniques , de maniere
qu'ils ſoient ſéparés les uns des autres par les plus petits intervalles
poſſibles , c'eſt-à-dire , qu'ils aillent
en montant par les moindres degrés naturels , d'où il tire l'échelle
ſi , *ut* , *ré* , *mi* , *fa* , *ſol* , *la** , qui

* *Voyez*
l'Echel-
le B.

contient préciſément les mêmes
ſons que la Gamme ordinaire , &
dans laquelle il eſt facile de trouver , par le calcul , le rapport de
deux *ſons* pris à volonté , puiſque
chaque *ſon* y eſt *harmonique* d'*ut* ,

ou

ou *harmonique* de l'une des *Quintes*
d'*ut*.

Voici ce que l'Auteur obferve
dans cette échelle : 1°. Elle eft com-
pofée de deux *Tétracordes* conjoints
& parfaitement femblables, *fi*, *ut*,
ré, *mi*, *fa*, *fol*, *la*, & ces deux
Tétracordes font précifément ceux
des anciens Grecs. 2°. La *Tierce*
mineure de *ré* à *fa* eft altérée d'un
Comma par la raifon que nous avons
dite. Or, comme *ré* fe trouve dans
le premier *Tétracorde*, & *fa* dans le
fecond, M. RAMEAU en conclut
qu'il fe trouve dans l'étendue de
l'échelle une altération d'un *Tétra-*
corde à l'autre, & qu'ainfi il y a
dans cette échelle, quoique formée du feul *Mode* d'*ut*, une imper-

fection néceffaire. 3°. Il eft facile
d'expliquer dans les principes de
l'Auteur, pourquoi l'échelle *fi*, *ut*,
ré, *mi*, *fa*, *fol*, *la*, ne va pas jufqu'au *fi* en haut ; car ce nouveau
fi ne pouvant être le produit que
du *fol*, exigeroit *fol* au-deffous de
lui dans la Baffe fondamentale ; &
comme le dernier terme de cette
Baffe eft *fa*, on auroit les deux *fons*
fa & *fol* de fuite dans la Baffe fondamentale, ce que l'Auteur rejette
pour les raifons que nous avons di-
tes. Ce font ces mêmes raifons,
ajoûte M. RAMEAU, qui rendent
défagréables les deux accords parfaits, & même les deux *Tierces ma-*
jeures de fuite dans un ordre diatonique, tel que celui de *fa* à *fol*. Enfin

il explique encore par les mêmes principes pourquoi on ne sçauroit entonner naturellement trois *Tons* de suite *fa*, *sol*, *la*, *si*, du moins en restant dans l'étendue d'un seul *Mode ;* car on voit que la Basse n'étant composée que des *sons fa*, *ut*, *sol*, l'échelle, qui en est le produit, ne peut aller jusqu'au *si* en haut.

M. RAMEAU, après avoir observé que l'on peut passer indifféremment d'un terme à l'autre dans la proportion 3, 9, 27, pourvû que les deux termes voisins se succédent toujours immédiatement, conclut qu'on pourra de même dans la progression 1, 3, 9, 27, 81, passer d'un terme à l'autre sous une pareille condition. Mais dans cette progreſſion, il faut diſtinguer trois *Modes*, celui d'*ut*, $\left\{ \frac{3}{fa}, \frac{9}{ut}, \frac{27}{sol}, \right\}$ qui eſt le *Mode* du premier générateur, & qu'on appelle par cette raiſon *Mode principal*, & deux autres *Modes* qui ſont les *adjoints* de celui – ci; ſçavoir, le *Mode* de *ſol*, $\left\{ \frac{9}{ut}, \frac{27}{sol}, \frac{81}{ré}, \right\}$ & celui de *fa*, $\left\{ \frac{1}{si\flat}, \frac{3}{fa}, \frac{9}{ut}, \right\}$. Il eſt preſque indifférent à l'oreille, continue l'Auteur, de paſſer du *Mode* principal à l'un ou à l'autre de ces *adjoints :* elle doit cependant avoir un peu plus de prédilection pour le *Mode* de *ſol ;* car *ſol* réſonne avec *ut*, & *fa* ne fait que frémir. Ainſi l'oreille affectée du *Mode* d'*ut* eſt un peu plus prévenue en faveur du *Mode*

de *fol;* & c'eſt en effet ce que l'expérience nous apprend, rien n'étant
plus naturel & plus ordinaire, que
de paſſer du *Mode* d'*ut* au *Mode* de
fol. On peut de même, paſſer du *Mo-*
de de *fol* au *Mode* de *ré,* $\left\{\begin{array}{ccc} 27, & 81, & 243, \\ fol, & ré, & la, \end{array}\right\}$
comme du *Mode* de *fa* au *Mode* de
fi♭ $\left\{\begin{array}{ccc} \frac{1}{3}, & 1, & 3, \\ mi♭, & fi♮, & fa; \end{array}\right\}$; mais l'Auteur
remarque que les *phraſes* de ces
Modes doivent être d'autant plus
courtes, qu'ils s'éloignent davantage dü *Mode* principal, auquel
l'oreille s'empreſſe toujours de revenir.

M. RAMEAU imagine donc une
nouvelle Baſſe fondamentale compoſée du *Mode* d'*ut* & du *Mode* de
fol, en cette ſorte; *ut fol ut fa ut*

Voyez l'Echel-le C.

ſol ré ſol ut. Il met enſuite au-deſſus de chacun de ces *ſons* un de leurs *ſons* harmoniques, de maniere que les nouveaux *ſons* aillent en montant par les plus petits degrés naturels; ce qui produit l'échelle *ut ré mi fa ſol, ſol la ſi ut,* qui n'eſt autre choſe que la Gamme ordinaire, avec cette ſeule différence que le *ſon ſol* s'y trouve deux fois de ſuite, la premiére comme *Quinte* du *ſon ut* de la Baſſe fondamentale, la ſeconde comme *Octave* du *ſon ſol* qui ſuit immédiatement *ut* dans cette Baſſe; mais ces deux *ſols* conſécutifs, ſont d'ailleurs parfaitement à l'Uniſſon.

L'Auteur obſerve d'abord dans cette nouvelle échelle l'altération de la *Tierce mineure* du *ré* au *fa*, comme dans la premiere échelle, & par les mêmes raisons : il fait voir de plus, que le *ton* ou intervalle du *sol* au *la* qui étoit *mineur* dans la premiere échelle est ici *majeur*. C'est que dans la premiere échelle, *la* étoit *Tierce* du *son fa* de la Basse fondamentale, & qu'ici il est *Quinte* du *son ré* de la nouvelle Basse. Ainsi la différence du *la* dans les deux échelles, vient uniquement de la différence des Basses fondamentales. M. RAMEAU tire de cette observation ce qu'il appelle le *double emploi*, expliqué plus en détail dans sa *Génération harmonique*.

Le passage de la Basse fondamentale dans le *Mode* de *sol*, produit les *Tierces* altérées *fa*, *la*, & *la*, *ut* dans la nouvelle échelle; mais les différens *sons* qui composent les *Tierces* altérées dans cette échelle, & dans la premiere, forment des consonances parfaitement justes avec les *sons* qui leur répondent dans la Basse fondamentale : aussi, remarque l'Auteur, l'oreille principalement attentive à la Basse fondamentale, qui est l'origine du chant diatonique, & uniquement occupée de s'accorder avec cette Basse, demeure absolument insensible aux altérations qui naissent de cet accord dans l'échelle ordinaire.

Le *Mode* de *sol* introduit dans la

nouvelle Baſſe, fait encore que les trois *tons fa*, *ſol*, *la*, *ſi*, ſe ſuccédent immédiatement dans la ſeconde échelle, ce qui ne pouvoit avoir lieu dans la premiere ; mais cette ſucceſſion immédiate éxige que le *ſon ſol* ſoit regardé comme apparte- nant à deux *Modes* à la fois , & ſé- parant, pour ainſi dire, l'un de l'au- tre les deux *Tétracordes ut* , *ré*, *mi*, *fa* ; *ſol*, *la*, *ſi*, *ut*. La meilleure manie- re d'indiquer ici le paſſage dans un nouveau *Mode*, ſeroit, ſans doute, de repéter deux fois le *ſon ſol :* c'eſt ce que les Grecs ont bien ſenti, ſelon M. RAMEAU, puiſqu'ils ont indiqué entre les deux *ſol*, une *diſ- jonction* ou *repos*. Dans la pratique du chant on ſe contente d'un *ſol ;*

mais en ce cas, il y a toujours
foit après le *fon fa*, foit après le *fon
fol*, un *Repos* exprimé, ou fous-en-
tendu : c'eft dequoi l'on peut s'appercevoir en entonnant foi-même
la Gamme.

Toutes les marches fondamentales par *Quintes*, forment autant
de *Repos* qu'on a nommés *Cadences*, enforte qu'il y a toujours *Repos* d'un *fon* à l'autre dans la Baffe
fondamentale, & par conféquent
auffi dans les échelles qui en font le
le produit. Lorfqu'un *fon* de la Baffe fondamentale paffe à fa *Quinte*
au-deffus, la *Cadence* eft appellée
imparfaite : la raifon de cette dénomination donnée par M. Rameau,
eft que tout *fon* portant avec lui

fa *Quinte* au - deſſus, la marche d'un *ſon* à ſa *Quinte* en montant eſt toujours priſe par l'oreille pour celle d'un générateur qui paſſe à ſon produit, c'eſt - à - dire, à l'un de ſes harmoniques, au lieu que quand on deſcend de *Quinte*, c'eſt le produit qui retourne au générateur; auſſi cette derniere *Cadence* eſt-elle nommée *Cadence parfaite*, ou *Repos abſolu*. M. RAMEAU a prouvé à l'Académie par une ex- périence fort ſimple, qu'un chant qui paroît fini quand il eſt ſeul, ou accompagné de ſa Baſſe fondamen- tale, ne paroît plus fini, dès qu'on lui donne une autre Baſſe; d'où il conclut que l'effet du *Repos* eſt uniquement dans la Baſſe fonda-

mentale exprimée ou sous‑enten-
due.

Le plus parfait de tous les *Repos*
est celui où l'on descend de *Quinte*
sur le *son* principal : ainsi quoiqu'il
y ait *Repos* absolu de *ré* à *sol* dans
la Basse fondamentale de la seconde échelle, cependant l'oreille déja préoccupée du *Mode* d'*ut* par

Voyez
l'Echel-
le C.

l'impression multipliée du *son* $\frac{9}{ut}$

qui a précédé, désire d'y revenir;
& c'est ce qu'elle fait par le nouveau *Repos absolu sol, ut* : ce *Repos*
absolu sol, ut, produit dans les deux
échelles le *demi-ton majeur si, ut ;*
& par là l'Auteur explique pourquoi, lorsqu'on veut monter diatoniquement au générateur d'un *Mo-*

de, on ne le peut qu'à la faveur d'un *demi-ton* dont le premier *son* eſt le produit de la *Quinte* du généra- teur ; enſorte qu'après avoir en- tonné la premiere *note ſi* de ce *de- mi-ton*, on entonne naturellement la ſeconde qui eſt ce générateur même : auſſi la *note ſi* a-t-elle été nommée *note ſenſible*, comme an- nonçant le générateur, & prépa- parant le plus parfait de tous les *Repos*.

Nous avons vû, d'après M. RA- MEAU, que la nature donne immé- diatement le *genre* ou *Mode majeur* par la réſonance du corps ſonore ; ce même corps ſonore, ajoûte-t-il, en faiſant fremir ſes multiples, in- dique le *Mode mineur* : c'eſt à l'Art à perfectionner l'ouvrage ; mais toujours en s'écartant, le moins qu'il lui est possible, des routes que la nature lui montre. Or l'Auteur observe que ces routes sont marquées par la maniere dont nous avons vû que les multiples frémissent ; car en frémissant, ils se divisent dans les *Unissons* du *son* principal, ensorte que s'ils venoient à résonner, ils ne rendroient que cet *Unisson*. C'est donc, conclut M. RAMEAU, au *son* fondamental que la nature nous ramene, autant qu'il est possible, pour former le *genre* ou *Mode mineur*. A la vérité, ce *son* ne pourra être fondamental dans le nouveau *genre*, puisqu'il ne fait résonner que sa *Tierce majeure* ; mais au

défaut de cette place, M. RAMEAU
lui donne celle qui eſt ici en quelque maniere la principale, en ce
qu'elle caractériſe le *genre mineur*,
& en fait la différence d'avec le
majeur. Le *ſon* principal *ut* devien-
dra donc la *Tierce mineure* du *ſou*
fondamental qui ſera par conſéquent *la*. De plus, le générateur *ut*
donne au *ſon* fondamental *la*, ſa
Tierce majeure mi pour *Quinte* ; &
c'eſt la *Quinte*, comme nous l'a-
vons dit d'après l'Auteur, qui donne la loi dans toute l'harmonie, &
dans la ſucceſſion fondamentale ;
d'où M. RAMEAU conclut que le
principe *ut* a toute la part qu'il
peut avoir à la formation du nouveau *genre* : il remarque, de plus,

qu'entre les deux *Modes ut mi fol*, & *la ut mi*, l'un *majeur*, l'autre *mineur*, il fe trouve deux *fons* communs, fçavoir, *ut* & *mi* : la même chofe s'obferve entre les *adjoints* de ces deux *Modes* ; car les *adjoints* d'*ut*, fçavoir, *fa* & *fol*, donnent *fa*, *la*, *ut*, & *fol*, *fi*, *ré* ; & les adjoints de *la*, fçavoir *ré* & *mi*, donnent *ré*, *fa*, *la*, & *mi*, *fol*, *fi* ; ce qui fait fix *Modes* pour un feul ; fçavoir, trois *majeurs* & trois *mineurs*.

On a vû plus haut comment la *Baffe fondamentale fa*, *ut*, *fol*, a produit à M. RAMEAU l'échelle diatonique, *fi*, *ut*, *ré*, *mi*, *fa*, *fol*, *la* ; fi on difpofe dans le même ordre les *fons* de la *Baffe fondamentale ré*, *la*,

Voyez l'Echelle B.

la, *mi*, en cette sorte, *mi*, *la*, *mi*, *la*, *ré*, *la*, *ré*, on en tirera avec l'Auteur, *sol* ✳ *la*, *si*, *ut*, *ré*, *mi*, *fa*, dans laquelle il a observé de faire *mineures* les deux *Tierces la ut*, & *ré fa*, qui répondent aux *sons la* & *ré* de la *Basse fondamentale* ; & si la *Tierce mi sol* ✳ est *majeure*, c'est par la raison que le *son* fondamental *la* doit toujours être précédé de la *note* sensible *sol* ✳, ainsi que nous l'avons déja remarqué d'après lui.

L'Auteur forme ensuite par le moyen des deux *Modes ré la mi*, *la mi si*, une nouvelle *Basse fondamentale* du *Mode mineur* semblable à la *Basse fondamentale* de la seconde échelle diatonique ; sçavoir, *la*, *mi*, *la*, *mi*, *si*, *mi*, *la* : ce qui lui

Voyez l'Echelle E.

donne la nouvelle échelle diatonique du *Mode mineur*, la, *si*, ut, ré, mi, *fa*, ✳ *sol*, ✳ *la*, où l'on voit que le *fa* qui étoit naturel dans la premiere échelle du *Mode mineur*, est ici *diéze*, parce qu'il est la *Quinte* du *si* qui lui répond dans la *Basse fondamentale* : à l'égard du *sol*, il est *diéze* par la même raison que dans la premiere échelle. Le *Mode mineur*, conclut M. RAMEAU, est donc plus susceptible de variétés que le *majeur* ; mais le *Mode majeur* plus immédiatement donné par la nature, a reçu d'elle en récompense une force que le *mineur* n'a pas.

L'Auteur revient ensuite à la progression géométrique $\left\{ \begin{array}{ccc} fa, & ut, & sol, \\ 3, & 9, & 27, \end{array} \right\}$

& remarque que des trois *fons* qui conftituent le *Mode* d'*ut*, il y en a deux qui lui font communs avec le *Mode* de *fol*, fçavoir, *ut*, *fol*, & deux qui lui font communs avec le *Mode* de *fa*, fçavoir, *fa*, *ut*, d'où il conclut que lorfque dans la *Baffe fondamentale* on paffe d'*ut* à *fol*, ou à *fa*, on ne fçait point encore dans quel *Mode* on eft. Pour déterminer donc le *Mode*, on joint à l'harmonie de *fol* le *fon fa* par les moindres intervalles harmoniques en cette maniere, *fol*, *fi*, *ré*, *fa*, ce qu'on appelle *diffonance*, ou *accord de feptiéme*; & à l'harmonie de *fa*, on joint le *fon ré*, tiré de l'harmonie de *fol*, en cette forte, *ré*, *fa*, *la*, *ut*, ou *fa*, *la*, *ut*, *ré*, ce qu'on

nomme *accord de grande fixte*. Par-
là on voit que fi le principe *ut* paffe à *fol*, il paſſe en même-tems à
fa; & que s'il paſſe à *fa*, il paſſe
en même-tems à un des harmoniques de *fol*; enforte que le *Mode*
d'*ut* fe trouve par ce moyen ab-
folument déterminé. Telle eſt,
dans les Principes de M. RAMEAU,
l'origine de la diſſonance, & des
regles auxquelles elle eſt aſſujé-
tie.

Après avoir épuiſé le produit de
la proportion triple, l'Auteur
vient à celui de la proportion quintuple, c'eſt-à-dire, des *Tierces
majeures* (proportion qui fournit
de nouvelles *Baſſes fondamentales*.)
Il prend d'abord les premiers ter-

mes *ſi*,♭, *ré*, de cette progreſſion, *Voyez* K. & au-deſſus de chacun il met un de ſes *ſons* harmoniques, enſorte que les nouveaux *ſons* ſoient les plus proches l'un de l'autre qu'il eſt poſ-ſible : il en réſulte le *demi-ton fa*, *fa*✳, qu'on appelle *mineur*, parce que les deux *ſons* qui le forment, ſont dans le rapport de 24 à 25, aulieu que le *majeur*, tiré de la pro-portion triple, donne le rapport de 15 à 16 entre les deux *ſons* qui le compoſent. De-là naît un nouveau *genre* appellé *Chromatique*. Si on continue la progreſſion juſqu'à trois termes *ſi*♭, *ré*, *fa*✳, les deux *Voyez* L. extrêmes *ſi* ♭ & *fa*✳ donneront les deux *ſons ſi*♭, *la*✳, dans le rapport de 128 à 125. Ces deux fons forment le *quart de ton enhar-monique* qui eſt la différence du *de-mi-ton majeur* au *demi-ton mineur*. Perſonne, que nous ſachions, n'a-voit encore trouvé ſon origine dans la *proportion quintuple.*

Si on forme maintenant, avec M. RAMEAU, une nouvelle *Baſſe fondamentale* par la combinaiſon de la *proportion triple* avec la *quintu-ple*, on aura un nouveau *genre* ap-pellé *Diatonique enharmonique*, & dans lequel tous les *demi-tons* ſont majeurs. Enfin ſi on forme une *Baſ-ſe fondamentale* qui deſcende de *Tierce mineure*, & monte enſuite de *Tierce majeure*, on aura un nouveau *genre* appellé *Chromatique enharmonique*, & où tous les *demi-*

Voyez M.

Voyez N.

tons font *mineurs*. M. R A M E A U conclut de là que l'effet de tous ces différens *genres* de Mufique, eft uniquement dû à la *Baffe fon-damentale* ; car il ne fçauroit venir de la différence des *demi - tons majeurs & mineurs*, puifque cette différence, dit l'Auteur, eft par elle-même inapprétiable à l'oreille. M. R A M E A U cite dans fon Mémoire des exemples de ces différens *genres*, tirés de quelques morceaux très - connus de fes Opéras.

La propriété qu'ont les petits intervalles d'être inapprétiables, ou du moins de ne pouvoir être apprétiés que difficilement, eft le fondement des réflexions de M.

RAMEAU fur le tempéramment :
Nous avons déja remarqué d'après
lui, que le quatriéme terme 27,
de la progreſſion triple, formoit
avec le premier 1, une *Tierce mineure* altérée d'un *Comma* ; il en
eſt de même de la *Tierce majeure* que forment le premier terme & le cinquiéme, ſçavoir, *ſi* ♭
& *ré*, rapprochés par le moyen
de leurs *Octaves*. Enfin ſi on étend
la proportion triple, juſqu'à trei-
ze termes en cette ſorte, *ſi*♭,
Voyez A. *fa* , *ut* , *ſol* , *ré* , *la* , *mi* , *ſi* ,
fa ✳ , *ut* ✳ , *ſol* ✳ , *ré* ✳ , *la* ✳ ,
le dernier de ces termes ſçavoir,
la ✳ ou 531441 étant rapproché
du premier 1 ou *ſi* ♭ par le moyen
des *Octaves*, on aura les nombres

524288, 531441 qui différent
entr'eux d'un *Comma* appellé *Comma de Pythagore*, quoique dans les
inftrumens à touches furtout, le
fi ♭ & le *la* 𝄪 foient confondus.
De-là on voit la néceffité abfolue
d'altérer un peu les intervalles des
Quintes dans les inftrumens à touches, pour faire coïncider enfemble les deux termes de l'*Octave*,
qui doivent être parfaitement juftes. C'eft principalement à cet
égard que M. RAMEAU juge le
tempéramment néceffaire; & la
régle qu'il prefcrit pour y parvenir, confifte à rendre tous les *demi-tons* le plus égaux qu'il eft poffible : par - là toutes les *Quintes*
font auffi également altérées; de

plus, elle ne le font chacune que très-peu, & à peu près comme les *Quintes* des inſtrumens ſans touches, (avantages qui n'ont pas lieu dans le Tempéramment ordinaire.) Du reſte, ces altérations ne ſeront que peu, ou point ſenſibles à l'oreille, qui uniquement occupée de l'harmonie fondamentale, les tolere ſans peine, ou plutôt n'y fait aucune attention. M. Rameau fortifie cette réfléxion par une expérience rapportée dans ſa *Génération harmonique.* Enfoncez les trois touches de l'Orgue *mi*, *ſol*, *ſi*, vous n'entendrez que l'accord parfait, quoique l'oreille ſoit affectée à la fois des ſons *mi*, *ſol* ✳, *ſi*; *ſol*, *ſi*, *ré*;

si, *ré* ✹, *fa* ✹. Ces *sons sol* ✹, *ré*; *ré* ✹, *fa* ✹, produiroient, dit M. RAMEAU, une cacophonie insupportable, si l'oreille venoit à les distinguer; & comme elle n'entend que l'accord parfait, il s'ensuit qu'elle ne les distingue pas. Il en est de même du chant de la voix accompagnée de plusieurs instrumens, dont le Tempéramment est différent; car l'altération que cette différence produit dans l'harmonie, n'est point apperçûe par l'oreille. Enfin, indépendamment de toutes ces raisons, M. RAMEAU assure que l'expérience n'est pas contraire au Tempéramment qu'il propose; & à cet égard, il a acquis le droit d'en être crû sur sa parole.

Tel eſt le Syſtême de M. RA-
MEAU, que juſqu'à préſent nous
nous ſommes contentés d'expo-
ſer le plus clairement qu'il nous a
été poſſible : Nous croyons pouvoir en conclure que la *Baſſe fondamentale* trouvée par l'Auteur, &
puiſée dans la nature même, eſt le
principe de l'harmonie & de la mélodie; que M. RAMEAU explique
avec ſuccès, par le moyen de ce
principe, les différens faits dont
nous avons parlé, & que perſonne, avant lui, n'avoit réduit en un
Syſtême auſſi lié, & auſſi étendu;
ſçavoir, les deux *Tétracordes* des
Grecs, la formation de l'échelle
diatonique, la différence de va-
leur qu'un même *ſon* y peut avoir,

l'altération qu'on remarque dans cette échelle, & l'infenfibilité totale de l'oreille à cette altération, les régles du *Mode majeur*, la difficulté d'entonner trois *Tons* confécutifs, la raifon pour laquelle les deux *Tierces majeures*, ou les deux *accords parfaits* de fuite, font profcrits dans un ordre diatonique, l'origine du *Mode mineur*, fa fubordination au *majeur*, & fes variétés, l'ufage de la diffonance, la caufe des effets que produifent les différens *genres* de Mufique, *Diatonique*, *Chromatique* & *Enharmonique*, le principe & les loix du Tempéramment. Ainfi l'harmonie affujétie communément à des loix affez arbitraires, ou fuggérées par une expérience aveugle, est devenue, par le travail de M. Rameau, une Science plus géométrique, & à laquelle les Principes Mathématiques peuvent s'appliquer avec une utilité plus réelle & plus sensible, qu'ils ne l'ont été jusqu'ici. Ce dernier jugement est à peu près le même que l'Académie avoit déja porté en 1737, de la *Génération harmonique* de l'Auteur. Les principes établis dans ce dernier Ouvrage, sont fortifiés dans le Mémoire dont nous rendons compte, par de nouvelles preuves, & de nouvelles observations, & surtout exposés avec beaucoup d'ordre, & de clarté. C'est pourquoi M. Rameau, après avoir acquis une grande réputation par ſes Ouvrages de muſique pratique, mérite encore d'obtenir par ſes recherches dans & ſes découvertes la Théorie de ſon Art, l'approbation & l'éloge des Philoſophes.

A Paris ce 10 Décembre 1749.

Signé, DORTOUS DE MAIRAN, NICOLE, D'ALEMBERT.

Je certifie le préſent Extrait conforme à l'original, & au jugement de l'Académie. A Paris, ce 22 Décembre 1749.

GRANDJEAN DE FOUCHY.

Sec. perp. de l'Ac. Royale, des Sciences.

De l'Imprimerie de J. CHARDON.

A.

PROGRESSIONS TRIPLES ET QUINTUPLES

A

Si b............1	re............5	fa#............25	la#............12
fa............3	la............15	ut#............75	
ut............9	mi............45	sol#............225	
Sol............27	si............135	ré#............675	
ré............81	fa#............405	la#............2025	
la............243	ut#............1215		
mi............729	Sol#............3645		
si............2187	ré#............10935		
fa#............6561	la#............32805		
ut#............19683			
Sol#............59049			
re#............177147			
la#............531441			

La progression triple qui est perpendiculaire don
ne des Quintes, et la quintuple qui est Orisontale donne des Tierces majeu

B.
ECHELLE DIATONIQUE DU MODE
naturel dit Majeur.

TÉTRACORDE				TÉTRACORDE		
135.	144.	162.	180.	192.	216.	240.
Si.	ut.	ré.	mi.	fa.	Sol.	la.
demi ton maj.	ton maj.	ton min.	demi-ton maj.	ton maj.	ton min.
15. 16.	8. 9.	9. 10. *G.* 15. 16.	8. 9. *I.* 9. 10.

Tierce min. altérée.   Tierce maj. juste.

$\begin{Bmatrix}5\\4\end{Bmatrix}$ $\begin{Bmatrix}2\\1\end{Bmatrix}$ $\begin{Bmatrix}3\\2\end{Bmatrix}$ $\begin{Bmatrix}5\\4\end{Bmatrix}$ $\begin{Bmatrix}2\\1\end{Bmatrix}$ $\begin{Bmatrix}3\\2\end{Bmatrix}$ $\begin{Bmatrix}5\\4\end{Bmatrix}$

| 27. | 9. | 27. | 9. | 3. | 9. | 3. |
| Sol. | ut. | Sol. | ut. | fa. | ut. | fa. |

repos absolu   Basse fondamentale en proportion triple

Les chiffres au-dessus du nom des Notes de l'Echelle diatonique marquent leurs rapports avec la Basse fondamentale, tels que les donnent la résonance du corps sonore.

Dans les doubles demi-cercles au-dessous du nom de ces Notes, est écrit le nom de l'intervale qu'il y a d'une Note a l'autre, et son rapport.

Les chiffres l'un sur l'autre embrassez par deux accolades marquent le rapport immédiat de la Consonance que forme un Son de l'Echelle diatonique avec celui de la Basse fondamentale qui lui répond, et l'on trouve à coté le nom de l'intervale immédiat écrit en chiffres.

ECHELLE DE L'OCTAVE DIATONIQUE
du Mode précédent

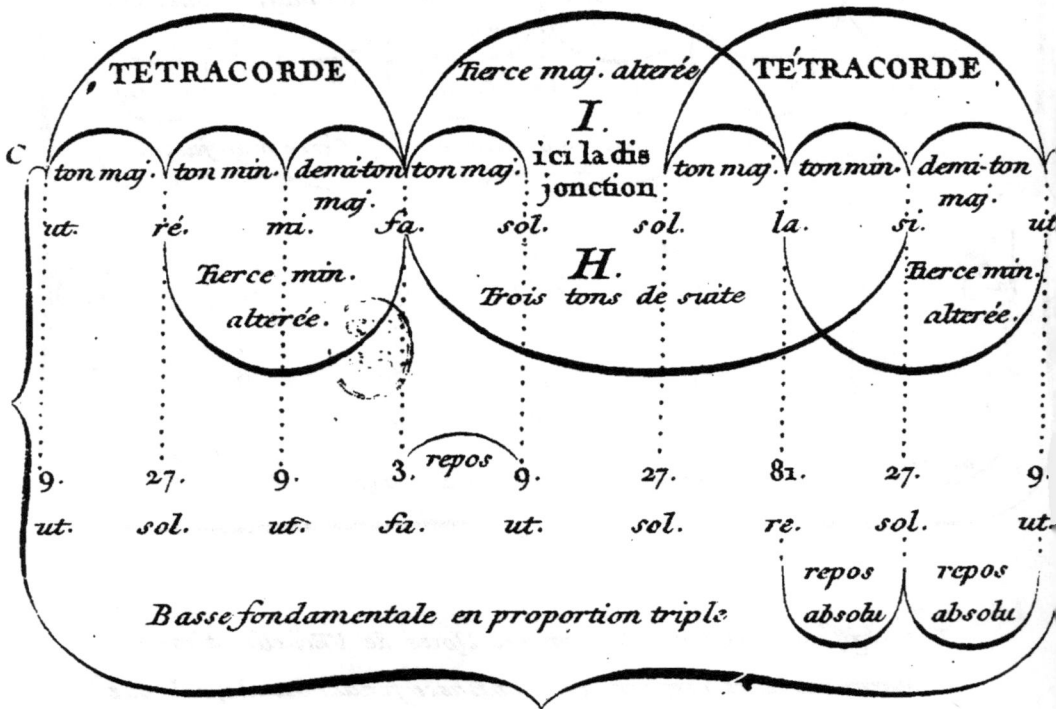

| TÉTRACORDE | | | | Tierce maj. altérée | | TÉTRACORDE | | |

I.

ici la dis jonction

C	ton maj.	ton min.	demi-ton maj.	ton maj.		ton maj.	ton min.	demi-ton maj.
	ut.	ré.	mi.	fa.	sol.	sol.	la.	si.	ut.

Tierce min. altérée.

H.

Trois tons de suite

Tierce min. altérée.

9.	27.	9.	3. *repos*	9.	27.	81.	27.	9.
ut.	sol.	ut.	fa.	ut.	sol.	re.	sol.	ut.

repos absolu   repos absolu

Basse fondamentale en proportion triple

Comme les rapports des sons diatoniques avec la Basse fondamentale sont les mêmes qu'auparavant, exepté où le Mode change, comme je l'expliquerai: J'ai seulement écrit le nom des intervales qu'il y a de l'un de ces sons à l'autre.

D.

ECHELLE DIATONIQUE DU MODE MINEUR.

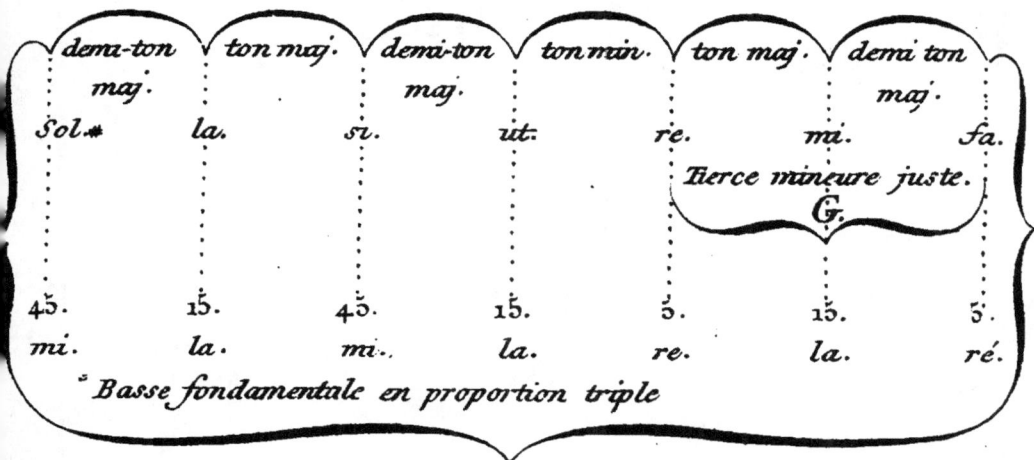

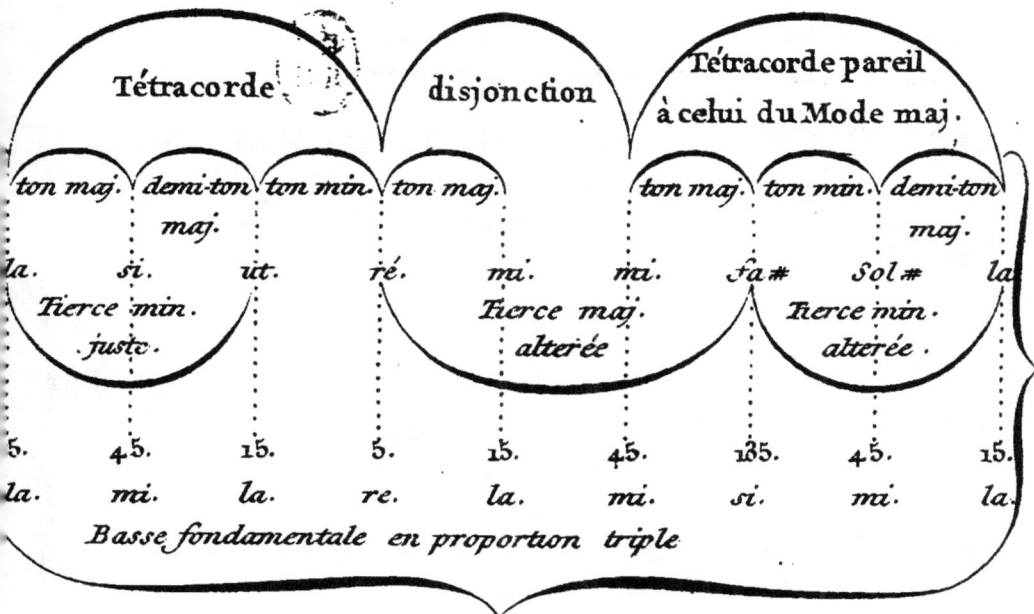

demi-ton maj.	ton maj.	demi-ton maj.	ton min.	ton maj.	demi ton maj.
Sol♯	la.	si.	ut.	re.	mi.	fa.

Tierce mineure juste.
G.

45.	15.	45.	15.	5.	15.	5.
mi.	la.	mi.	la.	re.	la.	ré.

Basse fondamentale en proportion triple

E. ou F.

ECHELLE DE L'OCTAVE DIATONIQUE

du Mode mineur.

Tétracorde		disjonction		Tétracorde pareil à celui du Mode maj.		
ton maj.	demi-ton maj.	ton min.	ton maj.	ton maj.	ton min.	demi-ton maj.
la.	si.	ut.	ré.	mi.	mi.	fa♯	Sol♯	la.

Tierce min. juste.   Tierce maj. altérée.   Tierce min. altérée.

5.	45.	15.	5.	15.	45.	135.	45.	15.
la.	mi.	la.	re.	la.	mi.	si.	mi.	la.

Basse fondamentale en proportion triple

PROPORTION QUINTUPLES

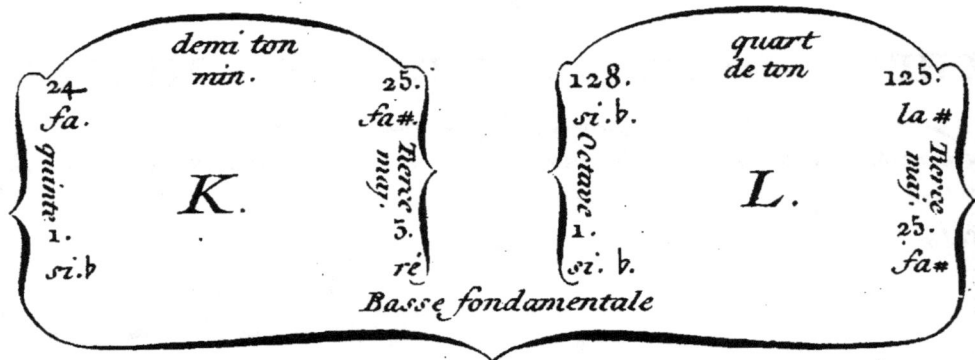

K.

demi ton min.

24. fa. quinte

25. fa#. Tierce maj.

1. si.b

5. ré Tierce maj.

L.

quart de ton

128. si.b Octave

125. la#. Tierce maj.

1. si.b

25. fa# Tierce maj.

Basse fondamentale

PRODUIT DIATONIQUE ENHARMONIQUE

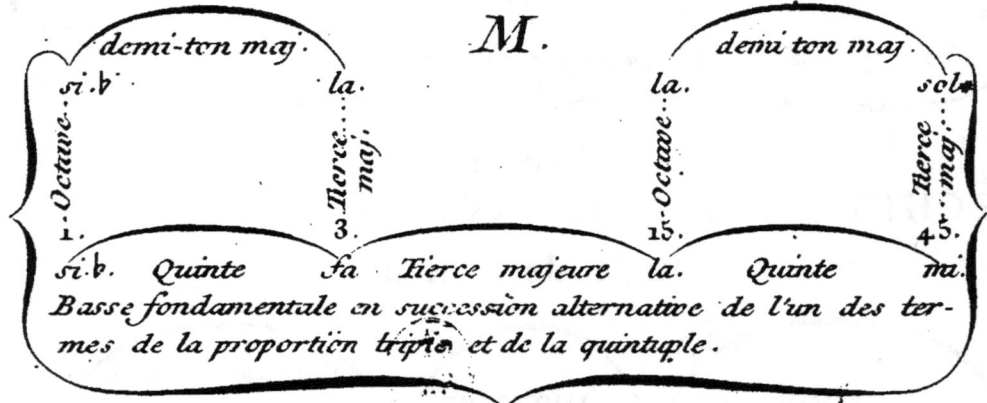

M.

demi-ton maj.

si.b Octave — la. Tierce maj.

demi ton maj.

la. Octave — sol# Tierce maj.

1. si.b Quinte — 3. fa Tierce majeure — la. Quinte — 15. mi. 45.

Basse fondamentale en succession alternative de l'un des termes de la proportion triple et de la quintuple.

PRODUIT CHROMATIQUE ENHARMONIQUE

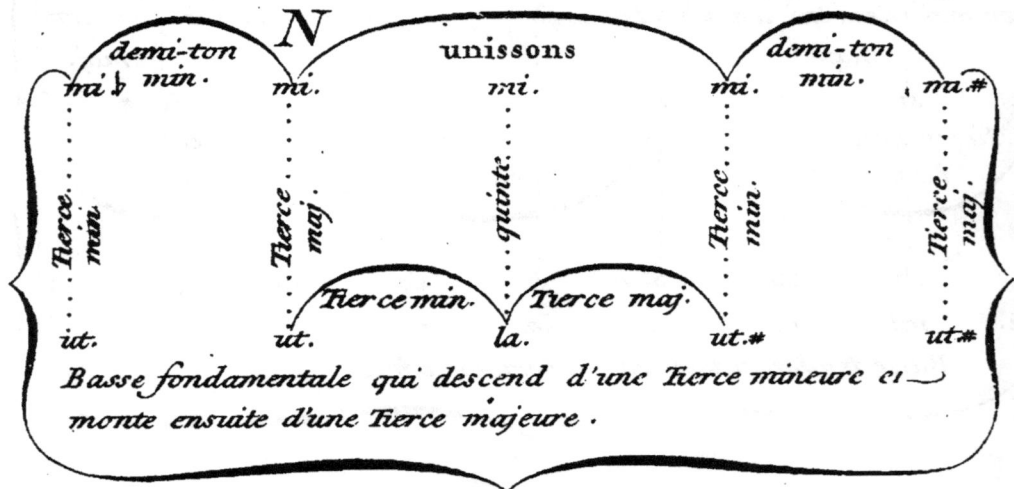

N

demi-ton min. — mi. — unissons — mi. — demi-ton min. — ma#

ma b — mi. — mi. — mi. — ma#

Tierce min. — Tierce maj. — quinte — Tierce min. — Tierce maj.

ut. — ut. — la. — ut.# — ut.#

Tierce min. — Tierce maj.

Basse fondamentale qui descend d'une Tierce mineure et monte ensuite d'une Tierce majeure.

www.ingramcontent.com/pod-product-compliance
Lightning Source LLC
Chambersburg PA
CBHW072024080426
42733CB00010B/1804